भारतीय भाषाओं में रामकथा
(पंजाबी भाषा)

बाईस भारतीय भाषाओं में रामकथा का शृंखलाबद्ध प्रकाशन

सामान्यतः लोकमान्य तिलक, महात्मा गाँधी, स्वामी दयानन्द सरस्वती, विनोबा भावे, डॉ. राममनोहर लोहिया आदि आधुनिक चिन्तक तथा मनीषी भारत के लोकतन्त्र को रामराज्य जैसा देखना चाहते थे क्योंकि देश के सम्पूर्ण राज्यों, भाषाओं, लोकचिन्तन सन्दर्भों एवं भारतीय मनीषियों के आचरणों में यह रामराज्य तन्त्र कब से वर्तमान एवं आचरणीय चला आ रहा है–किन्तु उधर हमारा ध्यान नहीं जा रहा है। भारतीय संस्कृति की इसी गौरवमयी निष्ठा की ओर हम भारतीयों का ध्यान आकर्षित करना इस योजना का लक्ष्य है।

उत्तर प्रदेश शासन के संस्कृति विभाग के अयोध्या शोध संस्थान, अयोध्या, फ़ैज़ाबाद द्वारा परिचालित यह योजना भारतीय प्राचीन सांस्कृतिक अस्मिता को पुनः प्रकाश में ले आने का कार्य कर रही है। यह योजना देश भर के लिए श्रेष्ठता का एक मानक साक्ष्य है। अयोध्या शोध संस्थान, अयोध्या, फ़ैज़ाबाद के निदेशक डॉ. योगेन्द्र प्रताप सिंह को इस गुरुतर कार्य के लिए निश्चित ही सदैव स्मरण किया जाता रहेगा।

सम्पूर्ण भारत में प्रचलित इस समय बाईस भाषाओं के मर्मज्ञ विद्वान एवं मनीषी इस दिशा में जिस निष्ठा के साथ प्रतिबद्ध भाव से इस कार्य के लिए तत्पर हुए हैं, उनका प्रतिफल सभी भाषाओं में रामकथा पर आधारित ये कृतियाँ हैं और इन पुस्तकों में विद्वान मनीषी लेखक अनन्त बधाई के पात्र हैं।

आशा है, यह रामकथा कृति माला भारतीय सांस्कृतिक अस्मिता को देश के नागरिकों को आत्मीय गौरव से निरन्तर अभिभूत करती रहेगी।

भारतीय भाषाओं में रामकथा : अवधी भाषा	सं. डॉ. सूर्यप्रसाद दीक्षित	₹300
भारतीय भाषाओं में रामकथा : पहाड़ी भाषा	सं. डॉ. निधि सिन्हा	₹250
भारतीय भाषाओं में रामकथा : बांग्ला भाषा	सं. डॉ. हरिश्चन्द्र मिश्र	₹250
भारतीय भाषाओं में रामकथा : मूल बांग्ला भाषा	सं. डॉ. हरिश्चन्द्र मिश्र	₹300
भारतीय भाषाओं में रामकथा : कन्नड़ भाषा	सं. प्रो. टी.आर. भट्ट	₹225
भारतीय भाषाओं में रामकथा : गुजराती भाषा	सं. डॉ. त्रिभुवन राय	₹395
भारतीय भाषाओं में रामकथा : राजस्थानी भाषा	सं. देवेन्द्र कुमार सिंह गौतम	₹425
भारतीय भाषाओं में रामकथा : आरण्यक	सं. डॉ. अर्जुनदास केसरी	₹495
भारतीय भाषाओं में रामकथा : बुन्देली	अतिथि सं. उदय शंकर दुबे	₹495
भारतीय भाषाओं में रामकथा : तमिल भाषा	सं. एम. शेषन	₹250
भारतीय भाषाओं में रामकथा : तेलुगु भाषा	सं. एवं अनु. प्रो. आई.एन. चन्द्रशेखर रेड्डी	₹495
भारतीय भाषाओं में रामकथा : पंजाबी भाषा	हरमहेन्द्र सिंह बेदी	₹295

–प्रधान सम्पादक की कलम से

भारतीय भाषाओं में रामकथा

(पंजाबी भाषा)

प्रधान सम्पादक

डॉ. योगेन्द्र प्रताप सिंह

पूर्व प्रोफेसर तथा अध्यक्ष, हिन्दी विभाग

इलाहाबाद विश्वविद्यालय, इलाहाबाद

लेखक

डॉ. हरमहेन्द्र सिंह बेदी

प्रो. एवं अध्यक्ष (पूर्व)

हिन्दी विभाग

गुरु नानक देव यूनिवर्सिटी

अमृतसर (पंजाब)

परिकल्पना

डॉ. योगेन्द्र प्रताप सिंह

निदेशक, अयोध्या शोध संस्थान : तुलसी स्मारक भवन

अयोध्या, फ़ैज़ाबाद (उ.प्र.)

वाणी प्रकाशन

वाणी प्रकाशन
4695, 21-ए, दरियागंज, नयी दिल्ली 110 002
शाखा
अशोक राजपथ, पटना 800 004

फ़ोन : +91 11 23273167 फ़ैक्स : +91 11 23275710

www.vaniprakashan.in
vaniprakashan@gmail.com
sales@vaniprakashan.in

In Association with

Ayodhya Shodh Sansthan
presents

BHARTIYA BHASHAON MAIN RAMKATHA : PANJABI BHASHA
Chief Editor : Dr. Yogendra Pratap Singh
by : Dr. Harmahinder Singh Bedi
Imagination : Dr. Yogendra Pratap Singh

ISBN : 978-93-87409-44-6
Religion/Culture

प्रथम संस्करण

मूल्य : ₹ 295

सिटी प्रेस, दिल्ली-110 095 में मुद्रित

वाणी प्रकाशन का लोगो मक़बूल फ़िदा हुसेन की कूची से

गीता मनीषी स्वामी ज्ञानानन्द जी को
सादर समर्पित

भूमिका

पंजाबी राम-काव्यधारा

पंजाब में पन्द्रहवीं शताब्दी से लेकर उन्नीसवीं शताब्दी तक प्रचुर मात्रा में हिन्दी साहित्य रचा गया। मध्यकाल में यहाँ पर अधिकतर ब्रज भाषा और गुरुमुखी लिपि में साहित्य रचा गया, असंख्य काव्य-ग्रन्थ अनूदित और लिप्यन्तरित हुए। पंजाब प्रान्तीय गुरुमुखी लिपि में उपलब्ध हिन्दी भक्ति साहित्य के अन्तर्गत रामकाव्य की एक लम्बी परम्परा मिलती है। डॉ. मनमोहन सहगल के अनुसार—

"पंजाब में पन्द्रहवीं-सोलहवीं शती से ही रामकाव्य की चर्चा होने लगी थी जो कि धीरे-धीरे प्रचारित होती बीसवीं शती विक्रमी तक अनेक रामकाव्यों में ढलती चली गयी।"

पंजाब के प्रबुद्ध कवियों ने जिन वर्ण्य विषयों पर लेखनी उठायी, उनमें विष्णु के चौदह कला सम्पूर्ण अवतार लोकरक्षक, रामचन्द्र की पावन जीवन-गाथा का विशिष्ट स्थान है। डॉ. सत्यपाल गुप्त लिखते हैं—

"पंजाब के कवियों की दृष्टि में भगवान राम जहाँ संसार की रक्षा करने वाले थे, वहाँ वे जात-पाँत के बन्धनों से दूर रहकर दुखी व्यक्ति की पुकार सुनते थे।"

वास्तव में रामचरित का यशोगान करने का मूल उद्देश्य आदर्श जीवन के सर्वांग का प्रदर्शन एवं जनता में नीति-विवेक, सही जीवन-मूल्यों एवं स्वस्थ परम्पराओं का प्रचार-प्रसार करने की धारणा रही है। पंजाब अथवा पंजाबेतर कवियों ने जब-जब भी राम के चरित्र को काव्य-विषय बनाया, उनकी दृष्टि भगवान की लोकमंगलकारी रक्षक शक्तियों की ओर ही रही। भारतीय समाज के आदर्शों को रामकथा में खोजा एवं ढाला गया। मनमोहन सहगल के अनुसार—

"नर से नारायण तक के अन्तराल को रामचरित्र की पावनता से भरा गया और जीवन के सामूहिक उत्थान का एकमात्र आधार राम-कृत्यों को स्वीकार कर लिया गया।"

पंजाब के हिन्दी कवियों ने भगवान राम के प्रति अपने श्रद्धा सुमन अपनी कृतियों के रूप में निवेदित एवं अर्पित किये हैं। राम-काव्यधारा के गुरुमुखी लिपि एवं ब्रजभाषा में रचना करने वाले कृतिकार एवं कृतियों का विवरण इस प्रकार है—

गुरु ग्रन्थ साहिब

पंजाब में हिन्दी रामकाव्य की परम्परा का आरम्भ 1604 ई. में गुरु अर्जुन देव जी के द्वारा सम्पादित 'आदिग्रन्थ' से होता है। यद्यपि गुरु ग्रन्थ साहिब की ईश्वरीय चेतना निर्गुणोपासना प्रधान एवं अवतार विरोधी है तथापि—

"हुकमि उपाई दस अवतारा"

कहकर गुरु वाणी में दस अवतारों की सत्ता स्वीकार की गयी है। वैयक्तिक ईश्वरीय धारणा के नाते राम, रघुराई आदि शब्दों का प्रयोग 'गुरु ग्रन्थ साहिब' में हुआ है। राम-रावण युद्ध तथा अन्य मिथक प्रसंगों का हवाला भी 'श्री गुरु ग्रन्थ साहिब' में दिया गया है–

"भूलो रावण मुगधु अचेति। लूटी लंका सीस समेत"

गुरु वाणी में अवतार को परमात्मा शक्ति से मण्डित मुक्तात्मा के रूप में देखा गया है। समय की विवशता और अत्याचार की तीव्रता से भोले जनमानस को परिचय देने के लिए ऐसी मुक्तात्माओं का आगमन संसार में प्रायः होता रहता है। ऐसे जीवों के लिए गुरुवाणी में गुरुमुख सम्बोधन किया गया है। राम को गुरुमुख रूप में स्वयं गुरु नानक ने चित्रित किया है–

"गुरुमुखि बाँधियों सेतु बिधातै। लंका लूटी दैती संतापै
रामचन्द्र मारिउ अहिं रावण, भेद बभीशण गुरुमुखि परचाइबु।"

'श्री गुरु ग्रन्थ साहिब' पंजाब की वह प्रथम सांस्कृतिक कृति है जिसमें राम-नाम को उजागर किया गया है। यहाँ तक कि निर्गुण ब्रह्म को भी सर्वव्यापक होने के कारण 'राम' ही कहकर पुकारा गया है। गुरुवाणी में बारम्बार राम-नाम का आख्यान हुआ है।

आदि रामायण (हरि जी बनाम सोढी मिहरबान)

सोढ़ी मिहिरवान गुरु अर्जुन देव के बड़े भाई पृथ्वीचन्द के पुत्र थे। इनका जन्म संवत् 1637 माघ सुदी पंचमी बसन्त के दिन पृथ्वीचन्द के यहाँ हुआ था। इन्होंने भी 'जन नानक' अथवा 'नानक दास' कवि छाप का प्रयोग करते हुए गद्य और पद्य में साहित्य रचा है। इनकी रचनाओं में साखियाँ एवं गोष्ठें प्रसिद्ध हैं। सत्यपाल गुप्त लिखते हैं–

"यह कवि गुरु रामदास का पोता और जहाँगीर का समकालीन था। इन्होंने लगभग सात ग्रन्थों की रचना की जिसमें 'आदि रामायण' बहुत प्रसिद्ध है। इस पुस्तक की पृष्ठ संख्या 186 है और लिपि गुरुमुखी है।"

इनके द्वारा लिखी गयी गोष्ठों की व्याख्या इनके सुपुत्र हरि जी ने की है। व्याख्या के दौरान हरि जी अपने पिता के गोष्ठों को अलग-अलग सन्दर्भ में कथारूप देकर प्रस्तुत करते रहे हैं और प्रत्येक व्याख्याजन्य कथा के अन्त में वे अपना एक श्लोक जोड़ देते रहे हैं। इस प्रकार हरि जी द्वारा की गयी वे व्याख्याएँ अब स्वतन्त्र रचनाएँ बनकर सामने आती हैं–'आदि रामायण' ऐसी ही एक रचना है। इसका आधार गोष्ठी सोढ़ी मिहिरवान की होने के कारण तथा हरि जी द्वारा अपने पिता और गुरु के सम्मान में रचनाकार के रूप में उन्हीं का नाम देने के कारण यह कृति सोढ़ी मिहिरवान की भी कही जाती है। मनमोहन सहगल के अनुसार–

"सोढ़ी मिहिरवान की रचना 'आदि रामायण' ही सर्वप्रथम ऐसा हिन्दी रामकाव्य माना जा सकता है जिसका प्रणयन पंजाब में हुआ।"

इसकी भाषा पुरानी हिन्दी है, उसे पंजाबी अथवा ब्रज किसी भी घेरे में नहीं रखा जा सकता। कथा में अनेक ऐसी उद्भावनाएँ हैं जो तुलसी अथवा वाल्मीकि की कृतियों में देखने में नहीं आयी हैं। आदि रामायण में राम-जीवन सम्बन्धी अठारह महत्त्वपूर्ण सन्दर्भों को उठाया गया है। सब कथाएँ

17वीं शती के हिन्दी गद्य का स्वरूप निश्चित करती हैं। प्रत्येक कथा के आरम्भ में केवल एक श्लोक दिया गया है। अठारहवीं कथा के अन्त में एक अष्टपदी देकर आगे (उत्तरकाण्ड) सरीखी व्याख्या प्रस्तुत की गयी है।

रचना में आये श्लोकों में कवित्व का कोई अपेक्षित स्वर नहीं है। श्लोक के अन्त में जय बुलाने की विधि कथावाचकों की है। इसमें वाहिगुरु की निर्गुण तत्त्व धारणा के साथ-साथ रामकृष्ण की सगुण तत्त्व धारणा भी इन अप्रामाणिक गुरुओं में विद्यमान थी और जनमानस को प्रभावित करने के लिए ही ये लोग कथा-वाचकीय शैली का प्रयोग करते थे। रचना के अन्त में श्लोक की अपेक्षा पउड़ी छन्द में समूची रामकथा दोहरा दी गयी है।

रचना का आरम्भ इस प्रकार है—

"१ ओंकार सतिगुरु प्रसादि व अबि 23 तेईसवीं कथा आदि रामाइनि चली।" इनकी भाषा तत्कालीन सधुक्कड़ी भाषा जैसी ही है जिस पर पंजाबी का अधिक प्रभाव है।

हनुमान्नाटक (हृदयराम भल्ला)

पंजाब की रामकाव्य परम्परा से सम्बन्धित रचनाओं में से यह काव्य-ग्रन्थ अपनी अद्वितीय विशिष्टता के कारण पर्याप्त लोकप्रिय और महत्त्वपूर्ण स्थान रखता है। जो प्रसिद्धि उत्तर भारत में तुलसीकृत 'रामचरितमानस' को प्राप्त है, वही हृदयराम भल्ला और उनकी कृति 'हनुमान्नाटक' को पंजाब में प्राप्त है। साहित्यिक दृष्टि से यह रचना प्रौढ़ काव्य-ग्रन्थ है। इसमें कवि ने संस्कृत 'हनुमान्नाटक' को आधार तो बनाया है लेकिन इसे कवि की मौलिक कृति कहना अधिक समीचीन होगा। इसकी अनेक पाण्डुलिपियाँ पंजाब के विभिन्न पुस्तकालयों में मिलती हैं। रचना का मूल नाम 'रामगीत' है परन्तु 'हनुमन्नाटक' प्रचलित है।

इस रामभक्त कवि के जीवन के सम्बन्ध में निर्णायक सूचना नहीं मिलती। श्री चन्द्रकान्त बाली ने अनुमानतः इन्हें गुरु अर्जुन देव जी की पत्नी माता गंगादेवी का भाई बताया है। बदरीनारायण श्रीवास्तव हिन्दी साहित्य कोश में लिखते हैं—

"हृदयराम का जन्म पंजाब में हुआ था। इनके पिता का नाम कृष्णदास था। अन्तःसाक्ष्य से 'हनुमन्नाटक' में रचनाकाल तथा कवि के जहाँगीर शासनकाल में मौजूद होने की बात पुष्ट होती है। इसका रचनाकाल 1623 ई. है—

"संवत विक्रम नृपति सहस षटु सत असीह दर
चैत चाँदनी दूज छत्र जहाँगीर मकुट पर।"

हनुमन्नाटक के 14 अंक हैं। इनमें सीता-विवाह से लेकर रावण-वध तक रामकथा कही गयी है। प्रत्येक अंक का नामकरण भी किया गया है—

1. सीता-विवाह अंक
2. रामचन्द्र-वियोग अंक
3. वन को आइबे अंक
4. सीता-हरण अंक
5. बाली-वध अंक

6. हनुमान लंका जार आइबो अंक
7. सेतु बँधाइबो अंक
8. रावण-अंगद संवाद अंक
9. मन्त्री उपवेश अंक
10. रावण परपंच अंक
11. कुम्भकरण-वध अंक
12. इन्द्रजीत का अंक
13. लछमन जीवाइबो अंक
14. रावण-वध अंक

कवि ने कथा के साथ-साथ राम के प्रति श्रद्धा-भक्ति एवं नीति के पदों का भी परिचय दिया है। ग्रन्थ-आरम्भ में ही कवि प्रार्थना करता है—

''काहू के सारसुती बरू पूरन, काहू के है सिव से बर दैया
काहू के है चतुरानन बर कोऊ गजानन अस नखैया
कान सुने पहिचान न काहू तो साँचु कहै कविराम कहैया
जानत स्री रघुबीर के नाम ही जामुनि ऐसब होहि सहैया।''

कवि हृदयराम ने न केवल घटनाओं के विवरण का अपनी भावनानुसार निराकरण किया है बल्कि अपनी रचनानुसार उसमें अभिवृद्धि भी की है। विशेषतः मार्मिक स्थलों का वर्णन उन्होंने समुचित विस्तार से किया है। सारांश यह है कि उन्होंने मूलग्रन्थ से साधारणतः घटनाओं की रूपरेखा ग्रहण की है—उसका वर्णन उन्होंने अपनी भावना एवं रुचि के अनुरूप कहीं अपेक्षाकृत विस्तृत और कहीं संक्षिप्त रूप से किया है जिससे वे मौलिक प्रतीत होती हैं। हृदयराम ने राम के विरह का वर्णन भी विशेष तन्मयता और उपयुक्त संयम के साथ किया है—

"श्री रघुबीर अधीर तिया बिन
नीर भरै अंजुरी अरु रोवै।"

लंका-दहन का वर्णन हृदयराम ने समुचित विस्तार से किया है। इस ग्रन्थ में प्रकृति का चित्रण बहुत विरल है। कवि ने वीर रस का भी सुन्दर परिपाक किया है।

रचना में दोहा, सोरठा, कवित्त, सवैया, चौपाई आदि छन्दों का अधिकांश प्रयोग हुआ है। उपमा, रूपक, उत्प्रेक्षा का कुशल प्रतिपादन दर्शनीय है। 'सीता-विवाह' में पंजाब के पुराने रीति-रिवाज भी चित्रित किये गये हैं। 'हनुमान्नाटक' की भाषा ब्रज है। प्राचीनतर हिन्दी रचनाओं में यह कृति पंजाब की गौरवमयी अमर देन है।

हरिभजन सिंह लिखते हैं—'हनुमान्नाटक' बड़े ऐतिहसिक महत्त्व का ग्रन्थ है। विषय-वस्तु (रामकथा), दृष्टिकोण (सगुण भक्ति), काव्य रूप (प्रबन्ध), भाषा (परिनिष्ठत ब्रज), छन्द (कवित्त, सवैया) आदि में यह दशम् ग्रन्थ का अग्रणी है।"

रामायण : कपूरचन्द त्रिखा

'रामायण' की हस्तलिखित प्रति सेंट्रल पब्लिक लायब्रेरी, पटियाला में पुस्तक संख्या 2793 पर उपलब्ध

है। अन्तःसाक्ष्य के आधार पर 'रामायण' का रचनाकाल 1646 ई. और कवि का नाम कपूरचन्द त्रिखा है। इस कवि के जीवन के सम्बन्ध में कोई विशेष सामग्री उपलब्ध नहीं है। डॉ. मनमोहन सहगल के अनुसार, "सत्रहवीं शती के प्रथम दशक में कवि त्रिखा लाहौर में थे और उन्होंने अपनी लघु रचना 'रामायण' का प्रणयन किया।"

रामायण में राम-जन्म से लेकर सीता सहित अयोध्या लौटने तक की कथा बहुत संक्षेप में कही गयी है। उदाहरणार्थ, दशरथ को मिले श्रवण के माता-पिता के अभिशाप और उसके परिणामस्वरूप पुत्र-विछोह में दशरथ की मृत्यु की बात कवि ने दो पंक्तियों में पूरी कर दी है—

"पूत के विछोहै राजा दशरथ पछार खाई
अंध की स्त्राव लागो सरवन के सर को।"

कपूरचन्द त्रिखा कृत 'रामायण' में दोहा, कवित्त, छप्पय आदि छन्दों का प्रयोग हुआ है जिनकी कुल संख्या 142 है। यद्यपि 'रामायण' एक लघु रामकाव्य है, तथापि इसमें कवि की राम के प्रति श्रद्धा-भक्ति, उत्कृष्ट भावाभिव्यंजना तथा उक्ति कौशल के गुण इसे अनूठी रचना बना देने में सहयोगी हैं—

"आदु जुगादु है जपै ताहि सभ कोई
राम चरित्र अद्‌भुत कथा सुने पुनफल होई।"

लक्ष्मण को बर्छी लगना, वैद्य का औषधि के लक्षण बताकर रात-रात भर में औषधि लेकर लौटने को कहना, राम द्वार कातर दृष्टि से हनुमान को देखना, संजीवनी की खोज के समय वैद्य के बताये लक्षणों वाली जड़ियों की भरमार देखना, पहचानने में असमर्थ होने पर पर्वत ही उखाड़कर ले आने की कथा कवि ने संक्षेप में किन्तु बड़े मार्मिक ढंग से कही है। 'रामायण' की भाषा सरल ब्रज है जिसमें कहीं-कहीं अरबी, फ़ारसी के शब्दों की भरमार भी है। कवि ने फ़ारसी और पंजाबी मुहावरों का भी कुशलता से प्रयोग किया है।

लव-कुश कथा : साहिब दास

कवि साहिब दास का आरम्भिक जीवन उपलब्ध नहीं है। इनकी रचना 'सुदामा चरित' के अन्तःसाक्ष्य से आप किन्हीं राम कुँवर के शिष्य थे। अनुमानतः जन्म संवत् 1745 से संवत् 1750 के बीच कहीं माना जाना चाहिए।

लव-कुश तथा कवि साहिब दास की रामकाव्य सम्बन्धी एक प्रौढ़ रचना है। डॉ. मनमोहन सहगल ने इसका रचनाकाल 1775 वि. बताया है। शमशेर सिंह अशोक ने इसका विवरण इस प्रकार प्रस्तुत किया है—

आकार	—	6"x10"
लिखित (अंश)	—	4½"x9"
पन्ने	—	52"
प्रति पृष्ठ	—	23 पंक्तियाँ
लेख	—	पुराना
काग़ज़	—	देश
लेख	—	स्पष्ट शुद्ध, हाशिया आधा-आधा इंच, प्रत्येक पन्ने पर

चारों ओर दो-दो रेखाएँ

समय — 18वीं सदी वि. लिपिकर्ता—अज्ञात

इस रचना में लव-कुश के चरित्र पर आधारित छह खण्ड हैं। आरम्भ में कवि ने ब्रह्म गुरुदेव, सरस्वती, गणपति, विष्णु की स्तुति की है। राम का यशोगान करते हुए कवि कथा कह सकने के सामर्थ्य की प्रार्थना करता है। कथा का आरम्भ सीता की अग्निपरीक्षा से होता है। उसके बाद राम का अयोध्या आगमन, सीता का त्याग, सीता द्वारा वाल्मीकि-आश्रम में शरणग्रहण, लव-कुश का जन्म, ब्रह्म-हत्या के पाप से छुटकारा पाने के लिए राम द्वारा अश्वमेध यज्ञ का आयोजन, यज्ञाश्व का आश्रम में आना, लव-कुश द्वारा घोड़े का पकड़े जाना, युद्ध और परिमाणतः राम तथा तीनों भाइयों का मारा जाना और अमृत द्वारा पुनः जीवित होना, राम का पत्नी-पुत्रों सहित अयोध्या आगमन तथा सीता सहित अश्वमेध यज्ञ को पूर्ण करना आदि घटनाएँ क्रमशः दी गयी हैं।

इस रचना में युद्ध-चित्रण अधिक है। लव-कुश क्रमशः शत्रुघ्न, लक्ष्मण, भरत और फिर राम से युद्ध करते हैं। सबसे भयंकर युद्ध लक्ष्मण के साथ लड़ा जाता है। लक्ष्मण और लव-कुश में पहले वाक्-युद्ध होता है। लव-कुश लक्ष्मण के अहंकार का मुँहतोड़ जवाब देते हैं—

''बहुर कहत कुस वचन मिथआ तम काहि बखानहु
सिंह रूप हम जानि सयारि तिज को पहिचानहु॥
जम्बक काहर अनक एक म्रिगराज बसति बन
तिस तुम भए एकत्र समझ देखहु अपने मणि
एक सिंह की गरज सुनि लरजत है रन जात सब ॥''

लव-कुश कथा में कतिपय प्रसंग बहुत ही मार्मिक बन पड़े हैं। जब लक्ष्मण राम के आज्ञा पालन के लिए मूर्च्छित सीता को वन में छोड़ आते हैं—

"लखन गयो तट गंग सीआ डर धरि मूरछानि।
महा सघन बन निरखि सीअ जीऊ मनि सुकचानी।"

'लव-कुश की कथा' की भाषा ब्रज प्रधान है। इसमें मुहावरों एवं लोकोक्तियों का भी यथा स्थान प्रयोग हुआ है, जैसे—सिर धुनना, विनाश काले विपरीत बुद्धि, सिर पर काल चढ़ना आदि।

"लेत उसाँस धुने सिर को
मिल आपस में बहुमत्र कराहि।"

लव-कुश के तेज की तुलना कोटि सूर्यों से की गयी है—

"कोट सूर सम तेज नाहि
सहि सकत रहे दबि"

इसके अतिरिक्त उत्प्रेक्षा, सन्देह, अनुप्रास, यमक, श्लेष, रूपक, पुनरुक्ति आदि अलंकार हैं। लव-कुश कथा में छप्पय, सोरठा, सवैया, अड़िल, बिसनपदा, झूलना, कुण्डलिया आदि छन्दों का प्रयोग मिलता है।

अध्यात्म रामायण : गुलाब सिंह निर्मला

'अध्यात्म रामायण' साधू गुलाब सिंह की मौलिक कृति न होकर अनूदित रचना है। इस रचना की

बहुत-सी हस्तलिखित प्रतियाँ विभिन्न पुस्तकालयों में उपलब्ध हैं। साधू गुलाब सिंह ने ग्रन्थ की रचना कुरुक्षेत्र में रहकर संवत् 1839 वि. (1782 ई.) कार्तिक सुदी 10 को की–

पुर सेखव, कुरुक्षेत्रवास, शुभ ससत्र मनाए
प्राचीन कुससु तीर्थ, नीर सरस्वती छाए
तहाँ बैठे भाखा करी, तिन कथा रामायण पापहर
मैं सर्वज्ञ न भइ भूल कछु संत सुधारहु खिमा कर ॥47॥

साधू गुलाब सिंह का जन्म संवत् 1789 वि. में कृषक परिवार में हुआ था। उनकी माता का नाम गौरी, पिता का नाम रूपा और ग्राम का नाम सेखव, ज़िला लाहौर था।

पण्डित गुलाब सिंह महान् संस्कृतज्ञ होने के साथ-साथ लोकभाषा के प्रति पूर्णतः जागरूक थे। कुरुक्षेत्र में रहकर पण्डित गुलाब सिंह ने अनेक ग्रन्थों का सृजन किया। अपनी विलक्षण बुद्धि के कारण संस्कृत के प्रौढ़ ग्रन्थों का अनुवाद अनुवाद न रहकर मौलिक कृति के समान बन पड़ा है। संस्कृत 'अध्यात्मक रामायण' का वह अनुवाद बहुत सुन्दर बन पड़ा है। इसके अनुवाद की शुद्धता तथा मूल पाठ के प्रति इसकी पूरी आस्था स्वीकार की गयी है। मूल रचना के मौलिक स्वरूप एवं स्वभाव को यथावत् प्रस्तुत कर सकना इस कृति की उपलब्धि है। यह अपनी आधारकृति 'अध्यात्म रामायण' के आधार पर ही महादेव-पार्वती संवाद में है। यह कृति परम्परा प्राप्त सात काण्डों में विभक्त है। काण्ड आगे कई अध्यायों में विभक्त है। 'अध्यात्म रामायण' की भाँति कवि ने इस कृति में आध्यात्मिकता का पूर्णतः पालन किया है। युद्धकाण्ड के तृतीय अध्याय में विभीषण राम की स्तुति करते हुए कहते हैं–

"अब राम राजेन्द्र ताहे नमो वर सीय मनोरम तूं सुख दाए
जब दण्ड कुदण्ड तभो तुम को भगता जन पेखन ते बिगसाए॥
सात अनन्त महाप्रभु कन्त अनन्त सुतेज नमो पद धारे।
मीत कपीस नमो रघुनाइक तू जग को उपजाइ निवारे।
तीनहूं लौकन को गुर तूं सु अनाद ग्रही अभिबन्द हमारे।
तूं जगे आद अनाद सदा रघुनाथ करे जग को प्रतिपारे ॥8॥"

श्रीराम को इस कवि के द्वारा परब्रह्म के रूप में चित्रित किया गया है–

"सूरय बसे बिखे तनु मानुख जाह लयो हरि जी अबिनासी।
अवनी बहु भार निवारण को सुर बृन्द सभै बिखै सुखरासी
सभ राखस मंडल को हन के जिह पावन की रति भूम प्रकासी
वै जनकात भजापति को उर माह भजो परब्रह्म विनासी।"

साधू गुलाब सिंह के द्वारा ब्रज भाषा में रचित 'अध्यात्म रामायण' रचना में छन्दोबद्ध कवित्त, सवैये के अतिरिक्त मालती, दोहा, तोमर तथा त्रियामालती आदि छन्दों का प्रयोग प्रशंसनीय है। छन्दों की इस विविधता के कारण इसका मूल्य बढ़ गया है। रामकाव्य की परम्परा में पंजब का योगदान 'अध्यात्म रामायण' के रूप में स्तुत्य है।

वाल्मीकि रामायण : सन्तोख सिंह

कवि सन्तोख सिंह को पंजाब में वही स्थान प्राप्त है जो उत्तर भारत में महाकवि तुलसी को प्राप्त है। सन्तोख सिंह के पिता श्री देवा सिंह मूलतः ज़िला अम्बाला के बूड़िया स्थान के निवासी तथा छींबा गोत्र के थे। भाई सन्तोख सिंह ने ज्ञानी सम्प्रदाय के प्रसिद्ध विद्वान ज्ञानी सन्त सिंह से काव्य-शिक्षा प्राप्त की। भाई सन्तोख सिंह काव्य-मर्मज्ञ तथा अद्वितीय काव्य-प्रतिभा के स्वामी थे। इन्होंने अनेक ग्रन्थों की रचना की जिनमें सिख गुरुओं के जीवन-इतिहास का पौराणिक महाकाव्य 'गुरु प्रताप सूरज' हिन्दी साहित्य जगत् को विशेष देन है। बूड़िया में रहते हुए ही इन्होंने संवत् 1880 में 'गुरु नानक प्रकाश' लिखा तथा संस्कृत के प्रसिद्ध 'अमर कोश' का भाषानुवाद किया। संवत् 1891 में वाल्मीकि रामायण का दोहा-चौपाइयों में भाषानुवाद भी किया और अन्ततः अपने अमर काव्य 'गुरु प्रताप सूरज' को संवत् 1901 में इन्होंने सम्पन्न किया।

'वाल्मीकि रामायण' का भाषानुवाद संवत् 1891 वि. में हुआ। इसकी अनेक प्रतियाँ सेंट्रल पब्लिक लायब्रेरी संख्या 2166, 2583, 2170-72, मोती बाग राजभवन पुस्तकालय संख्या, 227-28 पटियाला, गुरु नानक देव विश्वविद्यालय संख्या 898 तथा खालसा कॉलेज अमृतसर संख्या 1728 पर उपलब्ध है।

भाई सन्तोख सिंह ने आरम्भ में गुरुओं का स्तुतिपरक मंगलाचरण दिया है। रामकथा को वाल्मीकि की देन माना है और गुरु वन्दना के उपरान्त इस प्रकार लिखा है—

"मुनि बाल्मीकि गिरवर रमणीक हूँ ते
निकसी है नीक कथा धार गंग की।
मोह आदिक पंच को प्रपंच पाप बसंस है,
नवो रस छवि है उतंगनित रंग की।
तीन लोक पावन करति, उज्ज्वल बरन अपार,
अस रामाइनि गंग की बदन बारंबार।"

'वाल्मीकि रामायण' मूलतः करुणा प्रधान रचना है। राम-बनवास, सीता-विरह, लक्ष्मण-मूर्च्छा आदि प्रसंगों में कवि की करुण धारा बह निकली है।

कवि की भाषा ब्रज है। कहीं-कहीं पंजाबी या उर्दू-फ़ारसी के शब्दों का प्रयोग भी हुआ है। समस्त रचना दोहा-चौपाइयों में सम्पन्न हुई है। रूपकों और उत्प्रेक्षा की छटा विशेषतः आकर्षक है।

रामचन्द्रिका : हरिनाम (व्याख्याकार)

हरिनाम कपूरथला नरेश निहाल सिंह का दरबारी कवि था, जो राजा की ज्ञान-पिपासा को शान्त करने का ही कार्य करता रहा। राजा निहाल सिंह विद्या-व्यसनी व्यक्ति थे, संस्कृत न जानने के कारण ज्ञानार्जन की आकांक्षा से उन्होंने अन्यान्य श्रेष्ठ ग्रन्थों के भाषानुवाद उन्होंने करवाए।

हरिनाम कवि ने महाकवि केशव के द्वारा रचित रामचन्द्रिका को अपने आश्रयदाता के आदेशानुसार व्याख्या सहित पुनः तैयार किया था। इसकी दो हस्तलिखित प्रतियाँ पटियाला में सेंट्रल पब्लिक लायब्रेरी की संख्या 1903 तथा भाषा विभाग पुस्तकालय की पाण्डुलिपि संख्या 2542 पर हैं। हरिनाम कवि ने

आँख में मंगलाचरण दिया है, फिर सरदार जस्सा सिंह आहलुवालिया से लेकर महाराज निहाल सिंह तक पूर्व वंश-परिचय को दिया है। मूल पाठ आरम्भ करने से पूर्व स्पष्टतः लिखा है—

"निहाल सिंघ नर राइ हुकम पाइ तिन पढ़न हित
लिखीस अरथ बनाइ रामचन्द्र की चन्द्रका।"

व्याख्या गद्य में की गयी है। इस रचना का महत्त्व जो संवत् 1894 वि. बैठता है, पंजाब में तत्कालीन गद्य को उपलब्ध कराने में है।

रामचरित्र रामायण : कवि बसावा सिंह

संवत् 1900 के आसपास लिखी गयी 'रामचरित्र रामायण' कवि बसावा सिंह की देन है। ये लाहौर के रहने वाले थे। इसकी पाण्डुलिपि सेंट्रल पब्लिक लायब्रेरी, पटियाला में संख्या 543 पर है। कवि ने रचना को सात काण्डों में विभक्त किया है। आरम्भ में कवि ने देवी माता सरस्वती का मंगलाचरण और उसके बाद गुरु परम्परा की स्तुति में भावना व्यक्त की है।

कथा का आरम्भ धरती द्वारा ब्रह्म के पास रावण की शिकायत करने पर एवं दोनों के विष्णु के निकट आने से होता है। विष्णु धरती को कष्टों से मुक्त करवाने के लिए रामरूप में अवतरित होने का वचन देते हैं। उधर लक्ष्मी जी भी सीता का रूप धारण करके धरती पर प्रकट होती हैं। रचना के अन्त में कवि ने प्रभु की शरण ग्रहण की है—

"राम क्रिस्न हरि बिसन प्रभु दास जान अजान
सिंघ बसाव कव कहै पत राखो भगवान।"

यह रचना केवल राम कथामात्र है, कवि ने इसमें इतर प्रसंगों अथवा सन्दर्भों को नहीं उठाया। रचना केवल दोहा छन्द में लिखी गयी है और इसकी भाषा सरज ब्रज है। भले ही कहीं-कहीं पंजाबी के शब्द भी हैं।

रामचन्द्रोदय : कवि निहाल

निहाल पटियाला नरेश कर्म सिंह के दरबार के कवि थे। गुरु गोबिन्द सिंह के विद्या दरबार में निवास के उपरान्त पटियाला ही एक ऐसा था, जहाँ विद्वानों का सम्मान होता था। डॉ. मनमोहन सहगल के अनुसार, इस रचना के अन्तःसाक्ष्य के अनुसार इनके पूर्वज कश्मीर के रहने वाले थे। इनके पिता पण्डित रामचन्द्र वहाँ से दिल्ली आये। वे अपने परिवार सहित पटियाला आ बसे थे। महाराजा कर्म सिंह ने कृपापूर्वक उन्हें अपने दरबार में स्थान दिया। इनके द्वारा रचित नौ ग्रन्थों की जानकारी मिलती है।

इस रचना का एकमात्र परिचय श्री शमशेर सिंह अशोक की पुस्तक 'पंजाबी हत्थलिखतां दी सूची' से ही मिलता है। श्री अशोक ने कवि निहाल की रचना 'रामायण रामचन्द्रोदय' का परिचय देते हुए लिखा है कि मोती बाग पुस्तकालय की पाण्डुलिपि संख्या 17 पर यह रचना सुरक्षित है। यह रचना 'वाल्मीकि रामायण' को आधार बनाकर लिखी गयी है। इसका रचनाकाल संवत् 1902 वि. है। रचना का आरम्भ इस प्रकार है—

"अब रामायण रामचन्द्रोदय सुकवि निहाल क्रित लिख्यते।"

रामावतार : गुरु गोबिन्द सिंह

'रामावतार' एक मौलिक रचना होने के कारण पंजाब रामकाव्य में महत्त्वपूर्ण स्थान रखती है। यह रचना दशम् गुरु, गुरु गोबिन्द सिंह जी के नाम से सम्बन्धित 'दशम् ग्रन्थ' में 'चौबीस अवतार' के अन्तर्गत उपलब्ध है जिसे कवि ने अन्य अवतारों की अपेक्षा अधिक मनोयोग से प्रस्तुत किया है। मनमोहन सहगल लिखते हैं–

"गुरु गोबिन्द सिंह का महाकाव्य 'रामावतार' इस परम्परा में श्रेष्ठतर काव्य-रचना है। इसमें 834 छन्द हैं किन्तु चरित नायक की समूची कथा को प्रस्तुत करने का प्रयास स्पष्ट दिखाई देता है।"

'रामावतार' रामकथा विषयक अति मार्मिक काव्य-कृति है, "सतलुज के किनारे नैना देवी की तलहटी में रचित यह कृति श्री गुरु गोबिन्द सिंह की कवि-प्रतिभा के प्रदर्ष को प्रभावित करती है जिसमें भाव के वैभव और भाषा की शक्ति का मनोहारी संयोग है।"

धर्मपाल मैनी के अनुसार, "मर्यादा पुरुषोत्तम रामचन्द्र की आदर्श जीवनगाथा के बिना चौबीस अवतार रचना तो क्या सम्पूर्ण भारतीय साहित्य एवं संस्कृति ही पंगु रह जाती है। आसुरी शक्तियों का प्रलयकारी एवं विनाशकारी प्रभाव देखकर ब्रह्मा के साथ देवता, भगवान विष्णु की शरण में जाते हैं, उनकी प्रार्थना सुनकर विष्णु स्वयं ही रामरूप में अवतरित हुए।"

'रामावतार' अपने आपमें स्वतन्त्र प्रबन्ध काव्य है, जिसमें उन्होंने 26 प्रकरणों को 864 छन्दों में काव्यबद्ध किया है। 'रामावतार' रचना का गुरुमुखी लिपि में प्रकाशित रूप भारतीय ज्ञानपीठ दिल्ली से उपलब्ध है।

'रामावतार' रचना को गुरु जी ने श्रवण कुमार की कथा से लेकर लव-कुश के जन्म तथा सीता जी के भूमि-प्रवेश तक की सारी रामकथा व साथ ही रामराज्य का भी वर्णन किया। 'रामावतार' के प्रमुख अंग हैं–श्रवण कुमार की कथा और राम-जन्म, सीता-स्वयंवर, अवध प्रदेश, वनवास, वन-प्रवेश, खर-दूषण वध, सीता-हरण, सीता की खोज, बालि-वध, अतिकाय दैत्य युद्ध, मकराक्षस का युद्ध, रावण-युद्ध, सीता-मिलन, अयोध्या आगमन, माता-मिलन, सीता-वनवास, लव-कुश युद्ध, अयोध्या-प्रवेश, माहात्म्य आदि।

'रामावतार' का रचनाकाल अन्तःसाक्ष्य के अनुसार संवत् 1755 वि. अर्थात् 1698 ई. है। साथ ही पहली पंक्तियों में ही इस रचना के माहात्म्य का भी उल्लेख किया गया है–

"संमत सत्रह सहस पचावन। हाड़ बदी प्रिथमै सुखदावन
त्व प्रसादि मु करि ग्रन्थि सुधारा मूल परी लहु लहु सुधारा।"
जो अह कथा सुनै अरू गावै। दुखपाप तिह निकट न आवै
विष्णु भक्त कीए पाल होइ। आधिव्याधि छू सकै न कोइ।

'रामावतार' के कथानक का आधार 'वाल्मीकि एवं अध्यात्म रामायण' है। यद्यपि कथा का आधार पौराणिक है, तथापि इसमें कवि ने कुछ प्रसंगों में नवीनता लाने का प्रयत्न किया है, जैसे–मंथरा का गन्धर्वी होना और स्वयं ब्रह्मा द्वारा भेजा जाना, मेघनाद द्वारा नागफाँस से राम और लक्ष्मण को बाँध लेने पर सीता को युद्धभूमि में लाकर मृत राम, लक्ष्मण को दिखाना और सीता द्वारा क्रुद्ध होकर नाग-मन्त्र पढ़ना और राम, लक्ष्मण के बन्धन काट देना। वाल्मीकि ने यह प्रसंग उठाया तो है किन्तु आदिकवि की सीता राम व लक्ष्मण को मृत मानकर विलाप करने लगती है। परन्तु यहाँ पर गुरु

गोबिन्द सिंह जी की शौर्य भावना स्पष्ट है। गुरु गोबिन्द सिंह जी राम को राजा के रूप में उदारचित्त, सुशील व वत्सल आदि देखते हुए भी अवतार मानते हैं–

"राम परम पवित्र है रघुवंश के अवतारा
दुष्ट देतेन के संघारक संत प्रान अधारा"

इस कवि को युद्ध-चित्रण अधिक प्रिय है। 864 छन्दों में से 400 से भी अधिक छन्द इसी उद्देश्य से लिखे गये हैं। कृष्णावतार की अपेक्षा यद्यपि यह रचना पर्याप्त छोटी है, तथापि कवि का धर्म-युद्ध का चाव वाला लक्ष्य यहाँ भी लागू हो रहा है। कवि को राम का वही स्वरूप प्रिय है, जिसमें राम के बाण अत्याचार और अन्याय की टक्कर में निरन्तर विजयी होते हैं–

श्री रघुनन्दन की भुज तें जब घोर सरासर बान उड़ाने
भूमि अकास चहुँ चक पूर रहें नहिं जात पछाने
श्री रघुनन्दन की भुज तें जब घोर सरासर बान उड़ाने
भूमि अकास पतार चहुँ चक पूर रहें नहिं जात पछाने।
तोर सनाह सुनादन कतन आहकरीं नहिं पार पराने
छेद करोरन और न कोट अटान मों जानकी बाण पछोना।

जयभगवान गोयल लिखते हैं–"यह ग्रन्थ न तो 'वाल्मीकि रामायण' अथवा 'उत्तररामचरित' की भाँति करुणा प्रधान है, न ही 'अध्यात्म रामायण' की भाँति इसमें दार्शनिक सिद्धान्तों का प्रतिपादन हुआ है और न ही 'पउमचरिउ' की भाँति जैनमत के आदर्शों का आख्यान है। 'रामचन्द्रिका' की भाँति यह छन्दों एवं अलंकारों में चौखटे में जड़ी हुई चमत्कारपूर्ण रचना भी नहीं है और न ही इसमें 'साकेत' की भाँति बौद्धिक एवं सामाजिक तथ्यों का प्रतिपादन हुआ है। इस रचना के नायक 'भुए भार उतारने' के लिए असुरों का संहार और सन्तों का उद्धार करने के लिंए अवतरित है जिसके लिए उन्हें वीर रूप धारण करना पड़ता है और उनके वीर चरित्र का ही इस रचना में विशद आख्यान उपलब्ध है। यह विशुद्ध वीर काव्य है।"

कवि ने कई मार्मिक स्थलों का बड़ी सरसता एवं तन्मयता से वर्णन करके मौलिकता का परिचय दिया है। राम का वनगमन और सीता-हरण के उपरान्त राम का विरहानुकूल होना, ऐसे ही हृदयस्पर्शी स्थल हैं। इन विशिष्ट स्थलों पर कवि का कवित्व अपनी पूर्ण गरिमा को प्राप्त हुआ है–

"जिह भूम थली पर राम फिरे, दूब ज्यों जल पात पलास गिरें
टूट आँसू आरण नैन झरी, मनो तांत तना पर बूँद परी।"

'रामावतार' में वात्सल्य, शृंगार और करुण रसों का भी चित्रण हुआ है। संयोग शृंगार में भी ग्रन्थ रचयिता की उपमायें युद्ध और शौर्य का ही संकेत करती हैं, समर्पण और वासना का नहीं।

'रामावतार' की भाषा ब्रज है। रचना में पंजाबी, अरबी, फ़ारसी शब्दों का प्रयोग हुआ है।

निष्कर्षतः 'दशम् ग्रन्थ' की प्रस्तुत रचना पंजाब प्रान्त में रचित रामकाव्य में अपने मौलिक स्थान की अधिकारिणी है।

सार रामायण : कवि रामदास

'सार रामायण' की पाण्डुलिपि भाषा विभाग पटियाला में संख्या 319 और सेंट्रल पब्लिक लायब्रेरी में संख्या 2745 पर मिलती है।

पंजाब में रचित रामकाव्यों में 'सार रामायण' का महत्त्वपूर्ण स्थान है। यहाँ ऐसी स्तरीय रचनाएँ विशेष आकर्षण का विषय रही हैं। 'सार रामायण' तुलसीदासकृत रामचरितमानस की तरह सात काण्डों में विभाजित है—बालकाण्ड, अयोध्याकाण्ड, अरण्यकाण्ड, किष्किन्धाकाण्ड, सुन्दरकाण्ड, लंकाकाण्ड एवं उत्तरकाण्ड। रचना दोहा-चौपाई छन्दों में सम्पन्न हुई है। आरम्भ में कवि ने गणेश-स्तुति के पश्चात् अन्य अनेक देवी-देवताओं, गुरुओं तथा निर्गुण ब्रह्म की प्रशंसा की है। कवि की शैली अलंकारमयी है। रूपक, विभावना तथा सादृश्य मूलक अलंकारों का प्रयोग सहज स्वाभाविक बन पड़ा है। कवि की भाषा सरल ब्रज परन्तु भावव्यंजक है। कवि ने शृंगार (वियोग एवं संयोग पक्ष), वीर तथा भक्ति रसों का सुन्दर चित्रण इस रचना में किया है। 'सार रामायण' भाषा भाव और अभिव्यंजना की दृष्टि से अत्यन्त मधुर एवं उच्चस्तरीय रचना है।

कीरत रामायण, अनूप रामायण, सतसैया रामायण : कवि कीर्ति सिंह अथवा कीरत सिंह

कवि कीर्ति सिंह महाराज नरेन्द्र सिंह के समय पटियाला का दरबारी कवि था। डॉ. सहगल के अनुसार, यह पटियाला का मूल निवासी नहीं था, बाद में यहाँ आकर बस गया था। इसने तीन रामायणों की रचना की, तीनों की प्रतियाँ मोती बाग पुस्तकालय में पड़ी होने के कारण कोई जानकारी उपलब्ध नहीं है।

डॉ. सहगल ने पुराने विद्वानों से जो परिचय प्राप्त किया है, वह इस प्रकार है—'कीरत रामायण' तुलसीदासकृत 'रामचरितमानस' पर आधारित एक रामकथा है, जिसमें भाव, भाषा और कौशल तीनों का सुन्दर समन्वय हुआ है। इसका रचनाकाल संवत् 1917 वि. है। श्री अशोक रचना को इस प्रकार बताते हैं—

"इति स्त्री राम चरित्र मानसे सकल कलु कलुख विध्वंस ने कीरत रामायण नाम सपतमो सोपाना। इति उत्तरकाण्ड संपूरण स्त्री।"

रामायण समापतं। सं. 1917। हाड़ सुदीपंचमी नूं पुस्तक संपूरण भया।

'अनूप रामायण' भी 'कीरत रामायण' की ही तरह लिखी गयी है। इसमें घटनात्मकता की अपेक्षा श्रद्धा भक्ति को विशेष महत्त्व दिया गया है। रचना का कलेवर 'कीरत रामायण' के अनुरूप ही है।

'सतसैया रामायण' में समूची रामकथा है। अन्तिम दोहे में इसे 'दोहरा-रामायण' कहा गया है। दोहों की संख्या 701 है, इसलिए आरम्भिक एवं अन्तिम पुष्पिकाओं में 'सतसैया रामायण' की संज्ञा दी गयी है।

कवि कीर्ति सिंह ने उपर्युक्त तीन रामायणों की रचना की।

फुटकल/अन्य रचनाएँ

गुरुमुखी लिपि में रचित, रामचरित से सम्बद्ध इन रचनाओं के अतिरिक्त अन्य और भी रचनाएँ हैं जो इस परम्परा में महत्त्वपूर्ण भूमिका निभाती हैं। वे रचनाएँ हैं—रामचरित्र (कवि कृष्णलाल), रामायण पुरान (कवि साहिब राय), सूर रामायण (सूरदास), रामाश्वमेध (सन्त सिंह), रामायण (कवि चन्द), रामकथा (बग्गा सिंह), आत्मरामायण (कवि हरि सिंह), रामगीत (कवि मोहर सिंह), सुधा सिन्धु रामायण (कवि वीर सिंह बल), विनय पत्रिका (गोपाल सिंह), लघु रामायण (कवि राम सिंह) सुखदायक रामायण (श्री निवास उदासी)।

निष्कर्ष

निष्कर्षतः गुरुमुखी लिपि में रामकाव्य की समृद्ध एवं सम्पुष्ट परम्परा मिलती है। इन कवियों का वैशिष्ट्य यह है कि इन्होंने भगवान राम के व्यक्तित्व का बहुआयामी चित्रण किया है। आदि ग्रन्थ में राम के निर्गुण स्वरूप का चित्रण है किन्तु साथ ही राम-नाम की महिमा का गायन भी है। तदनन्तर राम के अवतारी रूप, राम के योद्धा रूप, राम के दुष्ट संहारक, सन्त उद्धारक एवं लोकरंजक रूप का वर्णन एवं चित्रण पंजाब के इन कवियों के काव्य की शोभा है। गुरु गोबिन्द सिंह तो रामकथा का सूत्र लेकर राम के योद्धा रूप तक पहुँचने में अधिक व्यग्र दिखते हैं। राम के भव्य स्वरूप के माध्यम से इन कवियों ने जनमानस को समग्रतः प्रेरित एवं प्रभावित किया।

–डॉ. हरमहेन्द्र सिंह बेदी
125, कबीर पार्क,
अमृतसर-143002

अनुक्रम

पंजाब में रचित राम साहित्य के हस्तलिखित ग्रन्थों का ब्योरा

राम साहित्य

1. आध्यात्म रामायण

लेखक – नामालूम
अनुवादक – साधू गुलाब सिंह
आकार – 9½" x 6½"
लिखित – 6 ½" x 4¾"
विवरण – पृष्ठ 421; प्रति पृष्ठ 12 पंक्तियाँ; काग़ज़ देसी; लिखित साफ़ और शुद्ध; हाशिया रंगीन (सुन्दर) लकीरों वाला; शीर्षक, छन्दों के नाम तथा कुछ अंक लाल स्याही से लिखे हुए; पुस्तक सजिल्द, जो अच्छी हालत में है।
समय – संवत् 1839 वि.
नकल – संवत् 1904 वि.
लिखारी – नामालूम
आरम्भ – ੧ੳ सतिगुर प्रसादि।.......॥दोहरा॥
देवी माता सारदा, सरद इंदु सम हास।
बन्दो पद पंकज सदा, करो सुमति परकास॥1॥ (पृष्ठ 1)
अन्त — जा पद पंकज नीर लहि, बन्धन दए निवार।
मान सिंह गुरु को नमो, तपो ज्ञान अवतार॥52॥
ग्रह अग्नि वसु चंद पुन, संबत आनंद धार।
दसमी कातक सुदि सुभ, सुराधीस गुरुवार॥53॥
इति श्री मति आध्यात्म रामायणे उमा महेश्वर संबादे उत्तर कांडे बैकुंठ निरयाणो नाम नवमोध्याय॥9॥
दोहरा॥ बिधु आनन पुनि सून ग्रह, आतम संबत जान।
जेठ सुकल तिथ त्रौदसी, पुस्तक लिखयो सुमान॥1॥ (पृष्ठ 21)

भाषा विभाग पटियाला के पुस्तकालय में इस पुस्तक की दो अधूरी प्रतियाँ नं. 166 तथा 192 मौजूद हैं। यह पुस्तक गुरुमुखी, देवनागरी तथा उर्दू में कई बार छप चुकी है।

2. आध्यात्म रामायण

लेखक – नामालूम

अनुवादक – साधू गुलाब सिंह,

आकार – 13"x 7¼"

लिखित – 10" x 4"

विवरण – प्रतिकाँड पृष्ठों की गिनती निम्नानुसार है–
बालकाँड 36, अयोध्याकाँड 55, आरण्यकाँड 39, किश्किंधाकाँड 42, सुन्दरकाँड 23, युद्धकाँड 83, उत्तरकाँड 53 = कुल पृष्ठ 331; प्रति पृष्ठ 10 पंक्तियाँ; काग़ज़ कश्मीरी; लिखित मोटी, साफ़ और शुद्ध; हाशिया सादा बिना लकीरों वाला; पुस्तक बिना जिल्द, खुले पृष्ठ।

समय – संवत् 1849 वि.

लिपि काल – संवत् 1919 वि.

लिखारी – नामालूम

आरम्भ – ੴ सतिगुर प्रसादि। श्री गणेशाय नमः ॥ दोहरा॥

देवी माता सारदा, सरद इन्दु सम हास।
बन्दो पद पंकज सदा, करो सुमति परकास ॥ 1 ॥ (बालकाण्ड, पृष्ठ 1)

अन्त – ग्रह अग्नि वसु चंद पुन, संबत आनन्द धार।
दसमी कातक सुदि सुभ, सुराधीस गुरुवार ॥54॥
इति श्री मति आध्यात्म रामायणे उमा महेश्वर संबादे उत्तरकाण्डे समापतम शुभम भूयात ॥ 689 ॥

जोड़ 3293 ॥ ध्याय 64 ॥ संमत 1919 उन्नीस सौ उन्नीस हाड़ सुदी पंचमी दिन बुधवार को आध्यात्म रामायण ग्रन्थ समापतम॥ (पृष्ठ 53, उत्तरकाण्ड)

3. आध्यात्म रामायण

लेखक – नामालूम

अनुवादक – साधू गुलाब सिंह

आकार – 9¼" x7"

लिखित – 7¼" x 5"

विवरण – पृष्ठ 393; प्रति पृष्ठ 12 पंक्तियाँ; प्राचीन लिखित; काग़ज़ देसी; हाशिये के लिए हरेक पृष्ठ के दोनों तरफ़ दो-दो लकीरें, कहीं-कहीं कुछ छन्दों के नाम तथा शब्दांश लाल स्याही से लिखे हुए, लिखाई मोटी जो कहीं-कहीं अशुद्ध भी है।

समय – माघ वदी 1, संवत् 1905 वि.।

लिखारी – गुरदित्त सिंह

आरम्भ – ੴ सतिगुर प्रसादि। श्री गणेशाय नमः॥ दोहरा॥
देवी माता सारदा, सरद इन्दु सम हास।
बन्दो पद पकंज सदा, करो सुमति परकास ॥1॥

अन्त – ग्रह अग्नि वसु चन्द पुन, संबत आनन्द धार।
दसमी कातक सुदि सुभ, सुराधीस गुरुवार ॥53॥
इति श्री मति आध्यात्म रामायणे उमा महेश्वर संबादे उत्तर कांडे बैकुण्ठ निरयाणो नाम नवमोध्याम ॥9॥
सम्पूर्णम शुभम भवेत ॥
पृष्ठ 393 की दूसरी तरफ़ लिखा है–

"संवत् 1904, मिती माघ बदी 1, दिन शुक्रवार ॥ लिखारी गुरदित्त सिंह। भूल चूक बखशणी ॥"

4. अनूप रामायण

लेखक – कवि कीरत सिंह

आकार – 6¾" x 4"

लिखित – 5½" x 3¾"

विवरण – पृष्ठ 250; प्रति पृष्ठ 12 पंक्तियाँ; काग़ज़ देसी; लिखित साफ़ और शुद्ध पर लिखाई सीधी-सादी; हाशिया सादा बिना लकीरों वाला।

समय – संवत् 1917 वि. (जेठ सुदी 2)

लिखारी – नामालूम

आरम्भ – ੴ सतिगुर प्रसादि। श्री गणेशाय नमः ॥
श्री शारदाय नमः॥ अथ अनूप रामायण लिख्यते ॥
बिसन पद। चरण कमल गुर के बर ध्याऊँ ॥

अन्त – कीरत सिंह भृत यह माँगत है, श्रीराम चरण मोहि हृदय बसायी ॥8॥ इति श्रीराम अनूप रामायणे उत्तर कांडे नाम षष्टमो अध्याय ॥ 6 ॥829॥ इति श्री राम चरित्र मानसे सकल कुल कलुख विध्वंसने उत्तर कांडे सप्तमो सोपान ॥7॥ इति श्री अनूप रामायण समाप्त ॥ सुभमस्तु ॥ श्री राम जी ॥ श्री राम जी ॥ श्री राम जी ॥ श्री सीता राम जी। श्री राम लछमन जी। श्री भरत शत्रुघ्न जी। श्री भगत वत्सल जी सहाय करे ॥ संवत् 1917 ॥ जेठ सुदी द्वितीय को पुस्तक सम्पूर्ण हुई ॥

5. आत्म रामायण

लेखक – कवि हरि सिंह

आकार – 7" x 5"

लिखित – 4½" x 3½"

विवरण – पृष्ठ 72; प्रति पृष्ठ 12 पंक्तियाँ; काग़ज़ देसी; लिखाई सीधी-सादी, जो कहीं-कहीं अशुद्ध भी है; हाशिया सुन्दर रंगीन लकीरों वाला; पुस्तक सजिल्द।

समय – 19वीं सदी वि.

लिखारी – नामालूम

आरम्भ – ੴ सतिगुर प्रसादि। अथ आत्म रामायण लिख्यते ॥ सवैया छन्द ॥
बन्द चरण गुरु नानक जी के, बारंबार दोऊ कर जोरि॥

अन्त – आतम रामायण नाम यही, जो संतन ते पाइ।
रामायण की रीत पै, सो सब दीन सुनाइ ॥342॥
दो ॥ अनन्द पावै मात पित, जिम अट पट कहि बाल।
हरि सिंह के कथन पै, होवै संत दयाल ॥343॥
इति श्री आत्म रामायणे आत्म सुराज वर्णन सम्पूरान सुभमस्तु ॥

इस पुस्तक में आत्मा को राम तथा अहंकार को रावण मानकर अध्यात्म ढंग से राम की जीत और रावण की हार दिखाई गयी है। यह रामायण प्रबन्ध चन्द्र नाटक के ढंग की आध्यात्मिक रचना है।

6. आदि रामायण

लेखक – सोढी मिहरबान

आकार – 9¾" x 7"

लिखित – 6¼" x 4¾"।

विवरण – पृष्ठ 112 से 204 तक (92); प्रति पृष्ठ 12 पंक्तियाँ; काग़ज़ देसी; लिखाई साफ़ और शुद्ध; हाशिया सादा, बिना लकीरों वाला; यह पुस्तक अभी तक कहीं छपी नहीं है।

समय – 17वीं सदी वि.

लिखारी – नामालूम

आरम्भ – ੴ सतिगुर प्रसादि ॥ अथ ॥ आदि रामायण की पहली कथा चली ॥ सलोक ॥
राम नाम तित सिमरिए, जिस सिउ तेरा काम।
अमरापुरि बासा करै, गयी बहोड़ै राम ॥ 1 ॥
तिस का प्रमारथ ॥ तब श्री सतिगुर मिहरबान कहता है जिए मेरे मन तू श्री राम नित सिमर जिस सिउ तेरा अंत कामु है, अमरापुरि में बासा पाहवेगा। तिस राजे रामचन्द्र की कथा श्री सतिगुर मिहरबान कहि सुनावता है।

इससे आगे इस पुस्तक में रामायण की कथा आदि से अन्त तक लौकिक ढंग से लिखी हुई है, और कहानी भी कुछ विकोलित्री-सी है जो और पुराणों या हिन्दू देवतावादी राम साहित्य के प्रसंगों से मेल नहीं खाती। कुल कथाएँ 18 हैं और प्रत्येक कथा के अन्त में उसका सार भाव बताने के लिए एक श्लोक भी है। ऐसे श्लोकों की शृंखला उनके कथा-क्रम के अनुसार नीचे दी जाती है–

1. रामायण की एहु आदि है, सिव ध्यान रहे लिवलाइ।
पारबती की सेवा देखि के, लंका दई बनाइ।
जन नानक सिवा तुधु रचि, कोई न सकै मिटाइ ॥
2. गुसांई पऊलसत कै गृह जनमिया, दहिसुर राजा राइ।
सिव सिवा ते वर पाइया, सभि सेवा लागे आइ।
जन नानक माटि की लंका कंचन भई, मीचत दिसटि पाइ ॥
3. दादर ते रानी भई, आप दीउ जब जीहु।
अब भी ओहि संत है, जै को करि सकै इहु।

जन नानक चाहहु अभै पद प्रेम प्याला पिहु ॥

4. रावणु कहै मंदोदरी, मोहि समान को नाहिं।
पंखी देहि ना मानै, मलीन भिया मनि माहिं।
तब दहिसिर चिति चेतिया, जाँ सब डिठी अवगाहि।
जन नानक कीमति न पवै, सचा बेपरवाहि ॥

5. रावण सेवक भेजिया, रिखीसुरां ने लिया बुलाइ।
आपना रुदरु इकत्र करि रिखीसुरहू दीया पठाइ।
जन नानक कारण प्रभ कीया, सो क्यों मेटिया जाइ ॥

6. बसिसट आया बीवाहणै, लै जसरथ कउ साथ।
होवणहारी राजा रावणा, सो कोउ न सकै उथाप।
सागर महि कारज भया, जन नानक कारण आपि ॥

7. गुसाईं कीन्हीं आज्ञा, गैंडा मारहु जाइ।
जसरथ सरवण मारिआ, त्रै हत्या लागी आइ।
दरसन दीना श्री रामचंद, जन नानक त्रै ताप मिटाइ॥

8. संगु लीए श्री रामचंद, बिसुआमित्र का सवारियो काम।
सनबंध भया राजे जनक के, गृह आइ कियो बिसराम।
जनम जनम के काज होइ, जन नानक भजिए राम ॥

9. लछमन चले बसिसट कउ, देखे धाणक रूप।
लछमन का भरम मेटिया, निवारियो भेख करूप ॥
जसरथ के गृह आइया, जन नानक बने अनूप ॥

10. वर पाइया सीता राम, बल हरियो परसराम।
पिता बचन प्रितपाल के, बन महि कीए काम।
जन नानक दूजा नाहि को, जप मन राजा राम॥

11. चले अजुधिया नगर ते, लछमन सीता राम।
भारग बालमीकु चरनी लागे, धन हमारे धाम।
जन नानक दछन कोउ चले, बनखण्ड कीओ बिसराम ॥

12. चेतियो ता (सा) रंग पत धनख, दीयो भरथ पठाइ।
पोत्रा रिख दधीच का, लै चरनी लागा आइ।
जन नानक सिमरहु भरथ जिउ, इव रहिए सतगुर भाइ ॥

13. रावण सीता लै गिया, इहु खेल किया बन माहि।
रामचंद्र कहै सुन लछमना, चऊथी कुट न जाहि।
जन नानक तू निरंकार एहु, भरम सबो ही लाहि ॥

14. जटाइ पंखी की गति तब करि, जब सुध लीनी आइ।
तब राज दीया सुग्रीव कउ, बाल बंत्र मुकति पठाइ।
हनूमान सेवा करि, जन नानक लीला लखि न जाहि॥

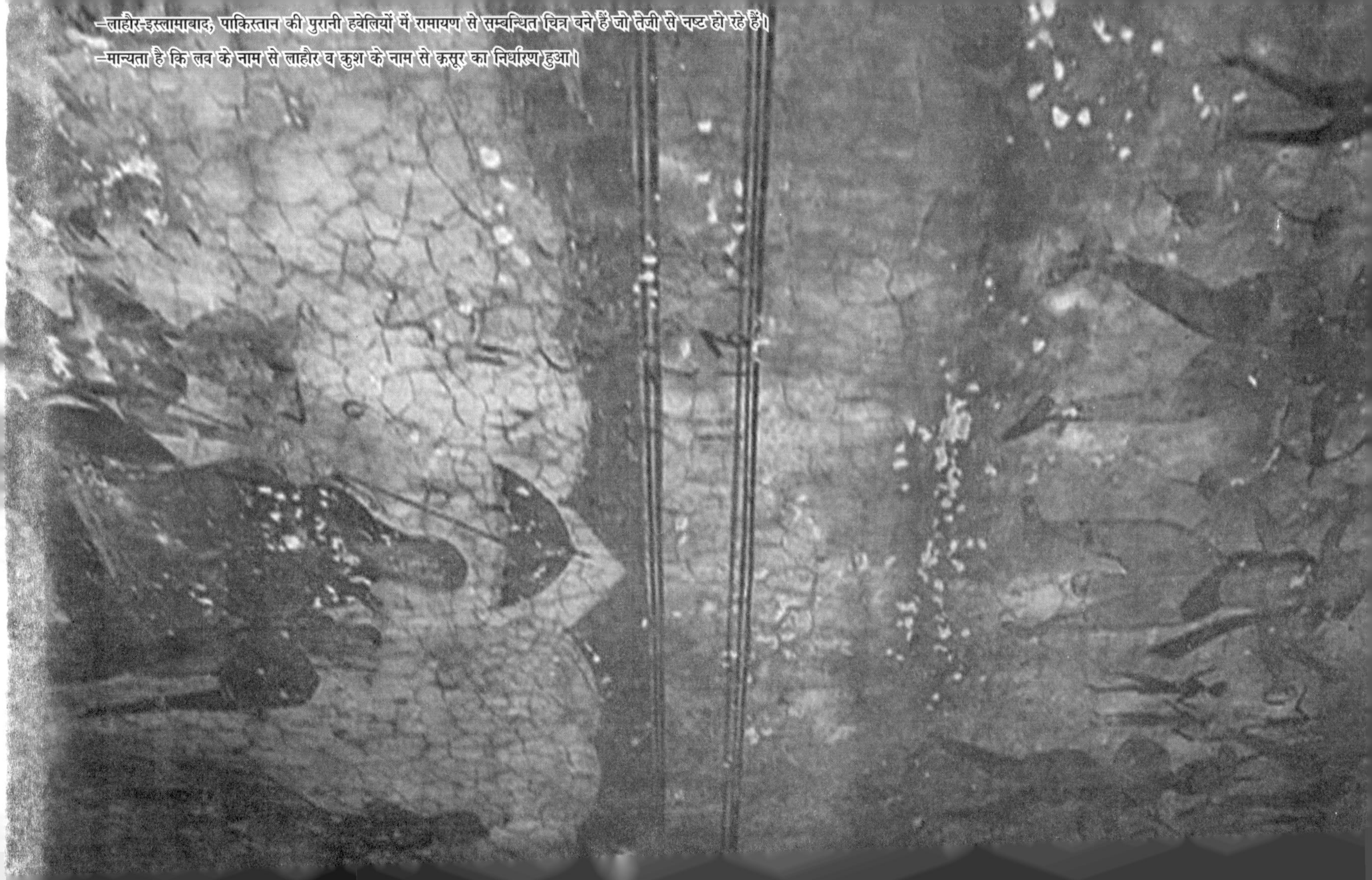

—लाहौर-इस्लामाबाद, पाकिस्तान की पुरानी हवेलियों में रामायण से सम्बन्धित चित्र बने हैं जो तेजी से नष्ट हो रहे हैं।

—मान्यता है कि लव के नाम से लाहौर व कुश के नाम से क़सूर का निर्धारण हुआ।

15. सीता की सुध बंत्र ले चले, सु पाया पंखी का संजोग।
सुध ले आए लंका दही, प्रभ तुध भावे सो होग।
सिव बाग मिलिया है बंत्र, आप नानक करनै जोग॥

16. रिछा बंतरां का पैदल कीआ, आइ रहे समुंद्र पास।
बंत्रा का गरब निवारिया, गालड़ी कीनी अरदास।
जिन पाहन नीर तराइया, सो नानक जन की रहरास॥

17. भभीछण संग मंदोदरी, दे रावण कऊ उपदेस।
आइ मिलिया भभीछण राम कऊ, मुख बचन कहेऊ लंकेस।
कर किरपा दूड़ता दीजिए, जन नानक तेरा भेख॥

18. अवरदा लई दस ग्रीव ते, सुन भभीछन की बात।
दहिसिर मारिया ध्यान टालि, पल रही नाही तुध मातर।
दोही फिरी रामचंद की, जन नानक बलि बलि जात ॥

इन श्लोकों में संकेतमात्र रामायण की सारी कथा आ गयी है क्योंकि यह श्लोक जैसा कि पीछे बताया गया है, आदि रामायण की हरेक कथा के अन्त में आये हैं और उस कथा का सार रूप हैं।

इससे आगे जबकि रावण मारा गाया तो सीता को मन्दोदरी और भभीछनी श्रीराम के पास लेके आती है। श्रीराम जी उसे पर-पुरुष के घर रही होने के कारण परे रखते हैं। तैंतीस करोड़ देवता जो श्री रामचन्द्र जी के प्रताप से रावण की कैद में से छूटे थे, सीता के जत सत की साखी भरते हैं, भभीछनी भी साखी भरती है, ऊपर आसमान में से श्री रामचन्द्र जी के पितृ, जो स्वर्ग में से इसी कारण निकाले जा रहे हैं कि सीता सच्ची है और दुतकारा जा रहा है, सीता के हक़ में गवाही देते हैं और जोर देते हैं कि श्रीराम जी सीता को अपनायें, पर श्रीराम जी नहीं मानते। बाद में आग में तपाकर सीता के सच्ची साबित होने पर उसे कबूल किया जाता है।

इस तरह सीता के कबूल किये जाने के बाद जब सब लोग खुश हो गये तो श्रीराम जी लंका से चल अयोध्या में आये। उन्होंने अपना राजकाज सँभाला। बस, यहीं इस आदि रामायण की समाप्ति हो जाती है। इससे आगे सोढी मिहरबाने की ओर से एक भक्ति भाव भरी विनती श्रीराम जी के आगे है जो गद्य और कविता दोनों में है और उपरोक्त कथा का साररूप अन्तिम श्लोक यह है—

लै सीता प्रतंगिया, सब दीनी बन्ध छुडाइ ॥
त्रिह लोकी जै जै भई, राज कीआ अजोध्या आइ।
बिदा भिया सभ पैदलो, जन नानक सीस निवाइ ॥ 18 ॥

बोलहु भाई श्री राम क्रिशन वाहिगुरु सच्चा ॥ श्री राम क्रिशन जी ॥

7. आरती और छन्द

लेखक – कवि तुलसीदास

आकार – 9¾" x 7"

लिखित – 6½" x 4¾"

विवरण – पृष्ठ 231 से 336 तक (105); प्रति पृष्ठ 12 पंक्तियाँ; लिखाई साफ़ और शुद्ध;

हाशिया सादा, बिना लकीरों वाला; काग़ज़ कश्मीरी

समय – 17वीं सदी वि.

लिखारी – नामालूम

आरम्भ – ੧ੴ श्री रामचंद्र कृपालु भज मन हरण भव भय दारुणं।
नव कंज लोचन कंज मुख करि कंज पद कंजारणं॥

अन्त – बाल दसा जेते दुख पाए।
अति अनीति नहि जाति दिखाए।
ख्याद ब्याद बाधा भई भारी।
बेदन नहि जाने महितारी।
जननी न जाने पीर तव, किहि हेति शिशु रोदन करे।
सो करे बिबिध उपाइ बातें, अधिक तुव छाती जरे।
कौमार तो सब अरु किसोर अपार आपको कहि सके ॥ 1 ॥
इति श्री आरती ते छन्द ॥ समाप्तं ॥ सुभमस्तु ॥

8. सतसैया रामायण

लेखक – कवि कीरत सिंह

आकार – 7" x 4¼"

लिखित – 4¼" x 2¾"

विवरण – पृष्ठ 56; प्रति पृष्ठ 9 पंक्तियाँ; काग़ज़ देसी; लिखित साफ़ और शुद्ध पर लिखाई सीधी सादी; हाशिया रंगीन, छन्द अंक और शीर्षक लाल स्याही से लिखे हुए।

समय – निश्चित नहीं

लिखारी – नामालूम

आरम्भ – ੧ੴ सतिगुर प्रसादि ॥ अथ सतसैया रामायण बालकांडे लिख्यते ॥ दोहरा ॥
चरण कमल गुर के अमल...

अन्त – दोहरा रामायन कीयो, कवि निजमति अनुसार।
जै जै जै रघुबंस मणि, भगतै लेत उबार ॥ 71 ॥
इति श्री सतसैया रामायणे श्री राम चरित्रे उत्तरकाँड सम्पूर्ण ॥ 1 ॥ 7 ॥ इति श्री सतसैया रामायण समाप्तं ॥ सुभं सुभं सुभमस्तु ॥ श्री सीता राम जो सरनि तेरी ॥

9. सार रामायण

लेखक – कवि राम दास

आकार – 13" x 9¾"

लिखित – 8½" x 6½"

विवरण – पृष्ठ 296; प्रति पृष्ठ 15 पंक्तियाँ; काग़ज़ कश्मीरी; लिखित निहायत साफ़ और शुद्ध; हाशिया दोहरा अति सुन्दर रंगीन लकीरों वाला; प्रारम्भिक पृष्ठ सुन्दर सुनहरी

बेल वाले; शीर्षक, छन्दों के नाम तथा अंक समेत विश्राम-चिह्नों के लाल स्याही से अंकित; पुस्तक सजिल्द, जो अच्छी हालत में है।

समय – रचनाकाल संवत् 1865 वि.

नकल – संवत् 1904 वि.।

लिखारी – धन्ना सिंह

स्थान – लाहौर

आरम्भ – ੴ सतिगुर प्रसादि ॥ ੴ श्री गणेशाय नमः।
अथ सार रामायण लिख्यते ॥ दोहरा ॥
श्री लम्बोदर सुख करण, कोटि भानु संकास।
सभ कारय के बिघन कौ हरणि बान सुख रास ॥ 1 ॥
मैं तुमरी सरनी परयो, निरखि दया की बान।
कारय तुम जानहु सकल, चहौ राम गुणगान ॥ 2 ॥
रघुपति चरि समुद्र बड, संभाखण बल नाहि।
तुमरी सरणि जहाज तकि, कूदि परयो ता माहि ॥ 3 ॥
यथा पथिक अति दीन है, ठहरि जाइ सरि तीर ।
नावक नाव लयाव जब, चढत धरे मन धीर ॥ 4 ॥
अब धीरय मुहि मन भिखे, तुमरे चरन प्रसादि।
रामायण भाखा करौ, सिव गौरी संबाद ॥5 ॥
श्री गुर नानक पद कमल, मन तन वच प्रणमामि।
जिनकी दया प्रभाव ते मिस लगे गुण राम ॥ 8 ॥
मन महि भयो हुलास बड, कथन रामायण सार।
श्री गुर नानक पद कमल, बार बार बलिहार ॥ 9 ॥
श्री गुरु गोबिन्द सिंह जी, गुरु नानक अवतार।
सभ संतन कौ सुख दयो, दुस्ट मलेछनि मार ॥ 10 ॥ (पृष्ठ 1-2)

अन्त – पुनि सभ संतनि के चरण, परो सु मन बच काय।
हरि यसु गायन के बिखे, जिन बहु करि सहाय ॥ 753 ॥
संबत ठारह सत पहठ, श्री दिन पति सुभ वार।
भाद्रव वदी सु असटमी, यदुपति दिन अवतार ॥ 754 ॥
ता दिन ग्रन्थ सम्पूरणं, श्री गुर क्रिपा उदार।
'राम दास' गुरु पद कमल, बार बार बलिहार ॥ 755 ॥
इति श्री मति सार रामायणे उमा महेश्वर संबादे उत्तर कांडे समापती सप्तमो काँड सुभ भवत। श्री रामाय नमः ॥ 7 ॥ (पृष्ठ 296)
इससे आगे लिखारी की ओर से यह शब्द हैं—
दोहा। संबत उन्नी सै प्रगट, अधिक चार पहिचान
वैसाख सुदी एकादसी, वार अदित्त सु जान ॥ 1 ॥

राम चरन मै रुचि घनी, राम सिंह मतिसार।
लव पुर माहि लिखाइओ, इही रामायण सार ॥ 2 ॥
लेखक धन्ना सिंह सो सभ को करे जुहार।
पढे सुणे जो प्रेम सो राम चरण है प्यार ॥ 3 ॥

10. सुधा सिन्धु रामायण

लेखक – भाई वीर सिंह 'बल'

आकार – 11¼" x 7"

लिखित – 7¾" x 5"

विवरण – पृष्ठ 41; प्रति पृष्ठ 13 पंक्तियाँ; लिखाई साफ़ और शुद्ध; हाशिया तीन-तीन लकीरों वाला (दो-दो लाल और एक-एक नीली लकीर); लिखत कहीं-कहीं लाल स्याही से भी लिखी हुई है।

समय – संवत् 1909 वि.

स्थान – पटियाला

लिखारी – भाई बेला

आरम्भ – ੴ सतिगुर प्रसादि ॥ श्री राम जी नमह ॥ अथ सुधा सिन्धु रामायण उच्यते कृत कवि वीर सिंह 'बल' की ॥ कबित ॥
दीन नाथ परम पवित्र देव दया निध,
पाद कंज यारे बहु बन्दना हमारिया ॥

अन्त – उन्नी सै अर आठवै, संमत बिक्रम नरेस।
कीया सम्पूरन ग्रन्थ कव, पटियाले पुर देस ॥ 19 ॥
इति श्री मत सुधा सिन्धु रामायणे महेश्वर संबादे नाम इकादसो तरंगह ॥11 ॥
सीता लखमन राम जी सरन ॥ गही सरन तेरी ॥ रखी लाज मेरी ॥
बकलम भाई बेला

11. सूर रामायण

लेखक – कवि सूरदास

आकार – 6½" x 8½"

लिखित – 5" x 7"

विवरण – पृष्ठ 272 से 314 (42); प्रति पृष्ठ 21 पंक्तियाँ; काग़ज़ देसी; लिखित साफ़ और शुद्ध; हाशिया सादा लकीरों वाला; पुस्तक सजिल्द, जो अच्छी हालत में है।

समय – संवत् 1765 वि.

लिखारी – नामालूम

आरम्भ – ੴ सतिगुर प्रसादि ।........॥ अथ रामायण प्रसंग ॥ राग बिहागड़ा सुअबरु।

जनक सुअंबर रच्यो बडे बडे भूप बुलाए।
प्रगट इहि प्रण कीयो, धनख तोड़ सीता परणाए ॥
देस देस पतीया पठी, राजा जुड़े अपार।
हसती घोड़े मेल दल, बसतर ससतर सवार (पृष्ठ 272)

अन्त – बसिसट परोहत आइ कै, दई असीस चित चाइ।
राजा करऊ आनन्द सउ, संतन होहि सहाइ ॥ 1 ॥
बेद उकत सुभ मंत्र पढ, कीयो अभिखेक रघुबीर।
सभ पुरसाबन कउ प्रभु, पहराए नऊतन चीर ॥2॥
जामवंत सुग्रीव कउ, अउर बभीखन काइ।
भूखन दिबि जड़ाउ के, बसतर नाना भाइ ॥ 3 ॥
जथा जोग पहिराइ कै, सैना कऊ सिरोपाई।
देइ विदा घर कऊ किए, चले बाजंत्र बजाइ ॥ 4 ॥
राज सिंघासन बैठ कै रघुपति छत्र फिराइ।
सुरपत को आज्ञा करी, नर भावत जल बरखाइ ॥ 5 ॥
धरम राइ कऊ कहि पठयो, हया मैंरै सगले देस।
मो तन होते होइ नहीं, जमदूतन को परवेस ॥ 6 ॥
धरनी कऊ समझाइयो, तरबर बेली घास।
फलीयै फूलै अहनिसे, रहइ बारस मास ॥ 7 ॥
जब ही सहज सुबाउे सउ, गवन कीयो रघुबीर।
तब ही पुरबासी संग लीए, जीए जु सहत सरीर ॥ 8 ॥ (पृष्ठ 314)

यह राम-चरित्र देवनागरी अक्षरों में छप चुका है इसलिए दुर्लभ नहीं है। आदि अन्त इस हस्त-लिखित के खाली पृष्ठों पर वैद्यक के बहुत सारे नुस्खे अलग-अलग दस्तख़तों के अधीन लिखे हुए हैं।

12. श्री राम दोहावली

लेखक – कवि तुलसीदास

आकार – 9¾" x 7"

लिखित – 6¼" x 4¾"

विवरण – पृष्ठ 170 से 214 (44); प्रति पृष्ठ 12 पंक्तियाँ; काग़ज़ देसी; लिखत पुरानी; हाशिया सादा; हरेक पृष्ठ के सिरे पर दो-दो इंच, बाकी तीन तरफ़ सवा सवा इंच।

समय – 17वीं सदी वि.

लिखारी – सुदागर।

आरम्भ – ੴ श्री मते रामानुजाय नमः।
अथ तुलसीदास कृते दोहावली लिखयते ॥
गुर गणपति गिरिजा रिखै, गिरा कपीस अहीस।

बन्द चरण दोहा कहूँ, किरपा करहु अजि ईस ॥ 1 ॥
आइस सकल सजन सुमति, बैठि दुउर अरथान।
करहु क्रिपा मति बिमल कै, करो राम गुनगान ॥ 2 ॥

अन्त – जिउ मछली जल कऊ चहै, चातक घन की प्यास।
यौ बिरही हर दरस कौ, तलफित तलफित सास ॥ 99 ॥
छतो नेहु कागर हिये, तौला खाय न टंक।
आँच लगे उधरयौ सु अब, सेहुड़ को सो अंक ॥ 100 ॥
इति श्री राम दोहावली सतसही तुलसीदास कृत समाप्तं ॥ शुभं भूयात ॥

13. कबित बंध राम-चरित्र

लेखक – कवि तुलसीदास

आकार – 6½" x 4¾"

लिखित – 4¼" x 2¾"

विवरण – पृष्ठ 133; प्रति पृष्ठ 7 पंक्तियाँ; काग़ज़ देसी; लिखत साफ़ और शुद्ध; हाशिया सादा बिना लकीरों के

समय – संवत् 17वीं सदी वि.

नकल – भादों सुदी 7, साल 1907

लिखारी – नामालूम

आरम्भ – ੴ श्री राम चंद्राय नमः ॥ अथ कबित बंध राम चरित्र लिखयते ॥ द्रमिला छन्द ॥
अबधेस के दवार सकार गयी, सुत गोद कै भूपति निकसे ॥

अन्त – तुम ते कहा न होइ, हाहा सो बुझइए मोहि, हौहूं रहौं मौन ही बोयो सो जान लुनीए ॥ 332 ॥
इति श्री तुलसीदास कृत कबित बन्ध राम चरित्र समाप्त सुभं ॥
मिती भादों सुदी 7, साल 1907 ॥

इस लिखत का असली नाम कबित्त रामायण है। यह देवनागरी अक्षरों में छपी हुई भी मिलती है।

14. कबित्त रामायण

लेखक – कवि तुलसीदास

आकार – 9½" x 6½"

लिखित – 7" x 4½"

विवरण – पृष्ठ 91; प्रति पृष्ठ 11 पंक्तियाँ; काग़ज़ कश्मीरी; प्राचीन लिखत; लिखाइ साफ़ और शुद्ध पर फिर भी कहीं-कहीं अशुद्धियाँ रहने के कारण नये सिरे से सुधारी गयी है; क्रम-अंक और शीर्षक लाल स्याही से लिखे हुए; हाशिए के लिए प्रत्येक पृष्ठ के दोनों तरफ़ दो-दो लाल लकीरें; खुले पृष्ठ।

समय – नामालूम

–लाहौर-इस्लामाबाद, पाकिस्तान की पुरानी हवेलियों में रामायण से सम्बन्धित चित्र बने हैं जो तेजी से नष्ट हो रहे हैं।

–मान्यता है कि लव के नाम से लाहौर व कुश के नाम से कसूर का निर्धारण हुआ।

आरम्भ – ੧ੴ श्री गणेशाय नमः ॥ अथ कबित रामायण तुलसीदास कृत लिखयते ॥ सवैया ॥
अवधेस के दवारै सकार गयी.......

अन्त – जय जय जय श्री पवन सुत, जिह जस श्री मुख कहयो।
कर जोर दण्डवत तूल का, जिह जिह प्रभ दरसन लहयो ॥ 393 ॥
इति श्री तुलसीदास कृत कबित रामायण समाप्तं ॥ सुभं भूयात ॥ 1 ॥

15. कबित्त रामायण

लेखक – कवि तुलसीदास

आकार – 9¾" x 7"

लिखित – 6¼" x 4¾"

विवरण – पृष्ठ 25; बाकी विवरण के लिए देखो, अंक (12)

समय – 17वीं सदी वि.

लिखारी – सुदागर

आरम्भ – ੧ੴ श्री गणेशाय नमः ॥ श्री रामचंद्राय नमः ॥ अथ तुलसीदास कृत कबित रामायण लिखयते ॥ सवैया ॥
अवधेस के दवारै सकार गयी, सुत गोद कै भूपति निकसे।
अबलोक हो सोच बिमोचन को, ठग सी रहयो न ठगे धिगसे... ॥1॥

अन्त – सवैया ॥ बाल से बीर बिदार सुग्रीव, थपयो हरखे सुर बाजन बाजे।
पलमै दलयो दासरथी दसकंधर, लंक बिभीखन राज बिराजे।
श्री राम सुभाव सुने तुलसी, हुलसे हमसे अलसी गन गाजे।
कायर कूर कफूतन की हद, तेउ गरीब गरीब निवाजे ॥ 144 ॥
इति श्री गुसाईं तुलसी विरचितायां कबित रामायण समाप्तं सुभंमस्तु ॥
सबंत ॥ 1888
हाड़ बदी छठ शुक्रवार पोथी सम्पूरन होयी ॥ दसखत सुदागर ॥

16. कीरत रामायण

लेखक – कवि कीरत सिंह।

आकार – 6¾" x 5"

लिखित – 5½" x 3¾"

विवरण – पृष्ठ 252; प्रति पृष्ठ 11 पंक्तियाँ; काग़ज़ देसी; लिखित साफ़ और शुद्ध; हाशिया रंगीन लकीरों वाला; शीर्षक, छन्दों के नाम और अंक लाल स्याही से लिखे हुए।

समय – हाड़ सुदी 5, संवत् 1917 वि.।

लिखारी – नामालूम

आरम्भ – ੧ੴ सतिगुर प्रसादि ॥ अथ कीरत रामायण लिखयते ॥ दोहरा ॥

श्री गुर चरण सरोज कौ, कर हौ दण्ड प्रणाम ॥

अन्त – तिव दास मगन तुव चरण हित, कृपा धाम यह देउ बर।
नहि भूल प्रेम भगती सुपन, राम नाम हिय दाम कर ॥ 185 ॥
इति श्री राम-चरित्र मानसे सकल कलु कलुख बिध्बंसने कीरत रामायण नाम सप्तमो सोपानः ॥ 7 ॥
इति उत्तरकाण्ड सम्पूरणम् ॥ श्री रामायण समाप्तं ॥ संमत 1917 ॥ हाड़ सुदी पंचमी नू पुस्तक सम्पूरणं भयो ॥
श्री राम जी श्री सीता राम जी सहाइ करै, सरब भगतन की रछया करै ॥ सुभमस्तु ॥

17. खिल प्रकरण (महा रामायण)

लेखक – नामालूम

आकार – 5½" x 8¾"

लिखित – 4" x 6½"

विवरण – पृष्ठ 125; प्रति पृष्ठ 10 पंक्तियाँ; काग़ज़ देसी; लिखित शिकसता गुरुमुखी; साफ़ और शुद्ध; शीर्षक लाल स्याही से लिखे हुए; हाशिया सादा बिना लकीरों के; पुस्तक सजिल्द लम्बे दाव करके लिखी हुई और पृष्ठ उलट-पलट रखकर जिल्द बँधी हुई।

समय – संवत् 1884 वि.

लिखारी – नामालूम

आरम्भ – ੧ੳ ॐ स्व सति श्री गणेशाय नमः ॥ श्री बसिसटाय नमः ॥ बालमीकोवाच ॥ हे भारदवाज महा रामायण लख सलोक है ॥...

अन्त – मैं जानता हो जो तूँ परम बोध कऊ प्राप्त हुआ ॥ 73 ॥
इति श्री खिल प्रकरणे नाना प्रश्ने मोख उपाय संख्या वरनन नाम संग्रह। सम्पूरन मोख उपाय के इस स्वर्ग विखे कथा के सार कहे है ता ते इसका नाम संख्या है। मिती कारतक 10 ॥ कोश पूरन हाथ खिल प्रकरण ॥ संवत् 1884 ॥

18. दोहावली रामायण

लेखक – कवि तुलसीदास

आकार – 6¼" x 4¼"

लिखित – 4¼" x 3"

विवरण – पृष्ठ 81; प्रति पृष्ठ 7 पंक्तियाँ; लिखित जरा बारीक पर साफ़ और शुद्ध; काग़ज़ देसी; हाशिया सादा बिना लकीरों के

समय – 17वीं सदी विक्रमी

लिखारी – नामालूम

आरम्भ – ੧ੳ श्री गणेशाय नमः ॥ अथ दोहावली रामायण दुलसीदास कृत लिखयते ॥ दोहा ॥

राम नाम मन दीप धर, जीह देहली द्वार।
तुलसी भीतर बाहरै, जौ चाहत उजियार ॥

अन्त – यह साखी सिय राम जस, समझ करहु मन धीर।
तुलसी बरनै कहाँ लग, जै जै जै रघुबीर ॥ 701 ॥
इति श्री राम-चरित्र मानसे सकल कलमल बिध्वंसने दोहावलया सप्तमो सर्ग सम्पूरणं ॥ सुभंमस्तु ॥

19. दंडक रामायण

लेखक – कवि तुलसीदास

आकार – 9¾" x 7"

लिखित – 6¼" x 4¾"

विवरण – पृष्ठ 262 से 272 तक (11); बाकी विवरण के लिए देखो, अंक (12)

समय – 17वीं सदी वि.

लिखारी – सुदागर

आरम्भ – ੧ੴ श्री गणेशाय नमः ॥ अथ दण्डक रामायण लिखयते ॥ तुलसीदास कृत ॥
देव भान कुल कमल रव कोटि कंदर्पय छब का का बयालमिव बैनतेयं।
प्रबल भुजदण्ड प्रचण्ड कोदण्ड धर तून बर बिसख बलम प्रमेयं।
देव अरु नग जीव दल नयनु सुखमा अयन सयाम तन काँति बरि बारिदाभं।
तपन काँचन बसन सस्त्र विद्या निपुन सिध सुर सेवय पाथोज नाभं ॥ 2 ॥

अन्त – स्वपच खलिभिल यमनादि हरि लोक गति नाम,
बल बिपुल बल मलिन हुलासी।
परसी तयागी सव आस संत्रस भव पास असि निसित,
हरि नाम जप दास तुलसी ॥
इति श्री दण्डक रामायण सम्पूर्णं सुभंमस्तु श्री रामाय नमः।

20. पद बंध रामायण

लेखक – कवि तुलसीदास

आकार – 6¾" x 9¾"

लिखित – 4¼" x 6¾"

विवरण – पृष्ठ 87; प्रति पृष्ठ 17 पंक्तियाँ; काग़ज़ देसी; लिखत साफ़ और शुद्ध; हाशिया सादा; स्याही चमकदार; कई जगह छन्दों के नाम और अन्य शीर्षक लाल स्याही से लिखे हुए।

समय – 17वीं सदी वि.

लिखारी – नामालूम

आरम्भ – ੧ੴ सतिगुर प्रसादि ॥ नीलाम्बुज सयामुल कोमलांगी...।

अन्त – लोक बेद मर्याद दोख गुण गति चित चखु न चहि।
तुलसी भरत समझ मुनि...। इससे अगली तुक नहीं मिलती, जिससे पता लगता है कि यह पुस्तक अधूरी है। इसके कुल छन्द 329 हैं और 330वाँ छन्द अधूरा है।

21. पद रामायण और कृष्ण-चरित्र

लेखक – कवि तुलसीदास
आकार – 9¾" x 7"
लिखित – 6¾" x 4¾"
विवरण – पृष्ठ 140; प्रति पृष्ठ 12 पंक्तियाँ; लिखत पुरानी और शुद्ध; हाशिया हरेक पृष्ठ के सिरे पर दो-दो इंच, बाकी तीन तरफ़ सवा-सवा इंच; काग़ज़ कश्मीरी।
समय – 17वीं सदी वि.
लिखारी – सुदागर
आरम्भ – ੧ੳ श्री जानकी बलभो जयाति ॥ श्री गणेशाय नमः ॥
अथ पद रामायण तुलसीदास कृत लिखयते ॥ नीला...सयाम...
आजु सु दिन सुभ बरी सुहाई।
रूप सील गुन धाम राम नृप भवन प्रगट भए आई।
अति पुनीत मधु मास लगन गृग बार जोग समुदाई।
हरखवंत चर अचर भूमि तरु तनरुहि पुलक जनाई।...
अन्त – सिव बिरंच सुल नारदादि मुनि, असतुत करति बिमल बानी।
चौदह भवनि चराचर हरखति, आये राम राजधानी।
मिले भरति जननी गुरु परिजन, चाहति परम अनन्द भरे।
दुसह बियोग जननी दारुन, दुख राम चरण देखति बिसरे।
बेद पुरान बिचार लगनु सुभ, महाराज अभिखेक कियो।
तुलसीदास जिय जानि सु अवसरु, भगति दान तब माँगि लियो ॥ 330 ॥
इति श्री पद रामायणे गीतावलया श्री सवामी तुलसीदास कृत उत्तरकाँड समापतं॥

इस पुस्तक में श्री रामचंद्र जी का हाल है। इससे आगे पृष्ठ 112 (अ) और छन्द अंक 331 से कृष्ण चरित्र शुरू होता है जिसका आरम्भ इस प्रकार है–

੧ੳ स्वसति श्री गणेशाय नमः ॥
अथ कृष्ण चरित्र लिखयते ॥ राग बिलावल ॥
माता लेत उछंग गोबिन्द मुख बारि-बारि निरखै।
पुलकित तन आनन्द घन छिनि-छिनि मन हरखै।
पूछति ततुरात बात मातहि जदुराई।
अतिसय सुख जाने तुगि मुहि कहि समझाई।
देखति तब बदनि कमल मल आनन्द होई।
कहै कैन सुरनि मौनि जाने कोई-कोई।

सुन्दरि मुख मुहि दिखाऊ इच्छा अति मोरे।
सम समान पुंनय पुंज बालक नहि तोरे।
तुलसी प्रभ प्रेम बसय मनुज रूपधारी।
बाल केल लीला रस, बिप्र जन हितकारी ॥ 33 ॥

और आखिरी शब्द हैं–

...जगति बरणास्रमाचार पर नार नरि, सत्य सम दम दया सान सीला।
बिगत दुख दोख सन्तोख सुख सरबदा, सुनति गावति राम राजा लीला।
जयति बैराग्य बिग्यान बारानिधेनु, मत निरमद पाप ताप हरता।
दास तुलसी सरन सोक संसय हरनि, देहि अबलम्ब बैद्रेही भरता ॥ 435 ॥
इति श्री कृष्ण-चरित्र तुलसीदास क्रम समाप्तं ॥ सुभंमस्तु ॥
इसके बाद 11 छन्द आरती के श्री रामचंद्र जी से सम्बन्धित हैं ॥

22. बालमीकी रामायण

लेखक – रिखी बालमीकि
अनुवादक – कवि सन्तोख सिंह
आकार – 13" x 14¼"
लिखित – 9½" x 11½"
विवरण – पृष्ठ 873; प्रति पृष्ठ 27 पंक्तियाँ; काग़ज़ देसी; लिखित साफ़ और शुद्ध; हाशिया सादा लकीरों वाला; कहीं-कहीं कुछ सर्गों के अन्तिम लेख तथा अंक लाल स्याही से लिखे हुए; पुस्तक सजिल्द, जो अच्छी हालत में है।
समय – संवत् 1891 वि.
लिखारी – नामालूम
आरम्भ – ੧ੳੱ सतिगुर प्रसादि। अथ बालमीकि रामायण लिखयते। बालकाँड प्रारम्भते ॥ दोहरा ॥
बानी बाक सु बरनमै, बिसद बरन सम चन्द।
बीन दण्ड मण्डति करा, बन्दौ पद अरबिन्दं ॥ 1 ॥ (पृष्ठ 1)
अन्त – पुत्र प्रचेता रुचिर बनाई। सरब भविखयत कथा सुहाई।
स्रेस्ट बृती धार मन पावन। बालमीक ने करी बनावन ॥
इतयारसे श्री मति रामायणे बालमीकये आदि काबये उत्तरकांडे चत्रबिंसती सहस्राकायाँ संघतायाँ श्री मति सुरगारोहनिनं नाम एक सौ इकीसमो सरगति ॥ 121 ॥ (पृष्ठ 873)

23. बालमीकी रामायण

लेखक – रिखी बालमीकि
अनुवादक – कवि सन्तोख सिंह

आकार – 14" x 13½"

लिखित – 9½" x 9¾"

विवरण – पृष्ठ 912; प्रति पृष्ठ 23 पंक्तियाँ; काग़ज़ देसी; लिखित सीधी-सादी पर साफ़ और शुद्ध; हाशिया सुन्दर रंगीन लकीरों वाला; कहीं-कहीं शीर्षक तथा अन्तिम लेख लाल स्याही से लिखे हुए; पुस्तक बिना जिल्द, जो अच्छी हालत में है।

समय – संवत् 1891 वि.

लिखारी – नामालूम

आरम्भ – ੧ੴ सतिगुर प्रसादि। अथ बालमीकि रामायण लिखयते। बालकाँड प्रारंभते ॥
दोहरा ॥
बानी बाक सु बरनमै, बिसद बरन सम चन्द।
बीन-बीन मण्डति करा, बन्दौ पद अरबिन्द ॥ 1 ॥
सवल अजा अज सिरज तर, फल ब्रहमण्ड अनेक।
बयापक जड़ जंगम ब्रहम, नमहि मही सिर टेकि ॥ 2 ॥ (पृष्ठ 1)

अन्त – पुत्र प्रचेता रुचिर बनाई। सरब भविखयत कथा सुहाई।
स्रेस्ट बृती धार मन पावन। बालमीकि ने करी बनावनि ॥ 43 ॥
इतयारसे श्री रामायणे बालमीकये आदि काबये उत्तरकांडे चत्रबिंसती सहस्राकायाँ संघतायाँ श्री मत सुरगारोहनिनं नाम एक सौ इकीसमो सरगह ॥ पृष्ठ 912 ॥

24. बालमीकी रामायण (तीन जिल्दों में)

लेखक – रिखी बालमीकि

अनुवादक – कवि सन्तोख सिंह

आकार – 14¼" x 13"

लिखित – 9½" x 9"

विवरण – पृष्ठ (पहली जिल्द; बालकाँड और अयुधियाकाँड 326, दूजी जिल्द 327 से 730 : 403, तीसरी जिल्द 731 से 1214 : 483) कुल 1214; प्रति पृष्ठ 19 पंक्तियाँ; काग़ज़ कश्मीरी; लिखित निहायत साफ़ और शुद्ध; हाशिया रंगीन लकीरों वाला; शीर्षक, छन्दों के नाम तथा अंक लाल स्याही से लिखे हुए; तीन भागों में पुस्तक सजिल्द, जो बहुत अच्छी हालत में है। विषय-सूची हरेक भाग की अलग-अलग उपर्युक्त पृष्ठों से अलग है।

समय – रचनाकाल संवत् 1891 बि. और लिपिकाल संमत 1938 बि.।

लिखारी – शशि मृगिंद

आरम्भ – (10 पृष्ठों की विषय-सूची के बाद) ੧ੴ सतिगुर प्रसादि। अथ बालमीकि रामायण लिखयते।
बालकाण्ड प्रारम्भते ॥ दोहरा ॥
बानी बाक सु बरनमै, बिसद बरन सम चन्द।

बीन दण्ड मण्डति करा, बन्दौ पद करिबिन्द ॥ 1 ॥ (पृष्ठ 1)

अन्त – पुज अमरिंद की धरिंद की, परिंदिन के इंद की सु कथा रामचंद की ॥ 19 ॥
इति श्री मति रामायणे बालमीकये उत्तरकाँड समापतं। मस्तु सुभमस्तु ॥ 7 ॥
संमत बसु गुण नाथ ससि, चेत्र मास सुदि खसट।
ससि मृगिंद पूरन लिखयो, सुन्दर ग्रन्थ सपस्ट ॥ 1 ॥ (पृष्ठ 1214)

25. बालमीकी रामायण (दो भाग)

लेखक – रिखी बालमीकि

अनुवादक – कवि सन्तोख सिंह

आकार – 14¼" x 11½"

लिखित – 10" x 9"

विवरण – पृष्ठ 456 (पहला भाग), 952 (दूसरा भाग;) प्रति पृष्ठ 19 पंक्तियाँ, काग़ज़ देसी; लिखित साफ़ और शुद्ध; छन्दों के नाम तथा शीर्षक लाल स्याही से लिखे हुए; हाशिये के दोनों तरफ़ दो-दो चौकोर वाली लकीरें, जिनकी चौड़ाई के दरमियान ज़मीन लाल (रंगीन) है। पहले भाग में बालकाँड, अयुधियाकाँड, आरण्यकाँड, सुन्दरकाँड तथा दूसरे भाग में सुन्दरकाँड, युद्धकाँड, लंकाकाँड तथा उत्तरकाँड हैं

समय – रचनाकाल संवत् 1891 बि. और नकल संमत 1894 (अस्सू सुदी 2)।

लिखारी – भाई राम सिंह

स्थान – पटियाला

आरम्भ – ੧ੴ सतिगुर प्रसादि ॥ 1 ॥ अथ रामचंद्राय नमः ॥ श्री मति बालमीकि रामायण लिखयते।
बालकाँड प्रारम्भते ॥ दोहरा ॥
बानी बाक सु बरनमै, बिसद बरन सम चन्द।
बीन दण्ड मण्डति करा, बन्दौ पद अरबिन्द ॥ 1 ॥ (बालकाँड)

अन्त – पूज अमरिंद की दिनिंद की, धरिंद की,
परिंदन के इंद की सु कथा रामचंद की ॥ 16 ॥ (उत्तरकाँड)

यह पुस्तक, जैसे कि बालकाँड के अन्त में लिखा है, महाराजा करम सिंह जी पटियाला ने कई अलग-अलग लिखारियों से लिखवाई थी। पहले दो काँड भाई राम सिंह लिखारी की लिखत हैं तथा बालकाँड के अन्त में इस पुस्तक के लिखे जाने के बारे में सन-संवत् आदि का विवरण दिया है।

26. बालमीकी रामायण

लेखक – रिखी बालमीकि

अनुवादक – कवि हरिनाम

आकार – 11½" x 8½"

लिखित – 8¼" x 6¼"

विवरण – पृष्ठ बालकाँड 88, अयोध्याकाँड 159, आरण्यकाँड 19, कुल जोड़ 266; प्रति पृष्ठ 13 पंक्तियाँ, काग़ज़ कश्मीरी; लिखित निहायत साफ़ और शुद्ध; कई जगह अर्थों की पाद टिप्पाणियाँ लगी हुईं; हाशिया अत्यन्त सुन्दर रंगीन लाल-पीली लकीरों वाला; पृष्ठ किरम खुरदा होने के कारण उनमें जगह-जगह छेद पड़े हुए; पुस्तक सजिल्द, जो अच्छी हालत में है।

समय – रचनाकाल संवत् 1894 वि.

लिखारी – नामालूम

स्थान – कपूरथला (पंजाब)

आरम्भ – (बालकाण्ड) ੴ स्वसति श्री गणेशाय नमः। श्री सीता रामचंद्र चरण कमले भयो नमः। श्री महाबीर अमित प्राक्रमाय हनुमते नमः ॥ दोहरा ॥
प्राक्रमाय हनुमते नमः ॥ दोहरा ॥
कनक जटत नग मंच प्रभु, ललत जनकजा साक।
चंद्रभान मण्डल मनो, कमला-कमला नाथ ॥ 1 ॥
सूरज मण्डल मै मानो लछमी नारायण है। (पृष्ठ 1)
श्री निहाल सिंह राजवर, राजत राज समाज।
श्री रघुराज भगत निरत, अरिकुल तम दिन राज ॥ 80 ॥
तिन इक दिन हरि रसम गन, कहये बचन सुख खान।
राइ 'राम सुख' सुकवि सुत, कवि 'हरि नाम' समान ॥ 84 ॥
बालमीक कृत अति रुचिर, राम चरित्र बचित्र ॥
रचौ रुचिर भाखा बिखे, सुन सब होहि पवित्र ॥ 85 ॥
तब तन की अति रुचि निरख, बालमीक कृत सोध।
पावन रामायण रची, परम सुगम हित बोध ॥ 88 ॥
संमत युग निध बसु ससी, सुक्रवार मधुमास।
राम जनम तिथ धाम सुख, राम चरित्र प्रकास ॥ 93 ॥ (पृष्ठ 8)

अन्त – दसरथ सुत श्री राम, कर पूजन भृगु राम तब।
कर परदछन प्रणाम, गए मुदित निज धाम कहु ॥ 14 ॥
इति श्री बालमीक रामायण आदि काबयसय श्री सीता रमण असरण सरण चरणारिबन्द मनो मलिंद नरेन्द्र निहाल सिंह कारित बिबरणे बालकाँड खटसपततमः सर्गः ॥ 79 ॥ (पृष्ठ 87)
इससे आगे इसी काँड के पाँच छन्द और हैं।

(अ) अयोध्याकाँड

आरम्भ – दोहरा ॥ श्री कौसलया दीप भव, चित्रकूट बिसराम।
भूखण-भूखण भू सुता, राम रतन परणाम ॥

–लाहौर-इस्लामाबाद, पाकिस्तान की पुरानी हवेलियों में रामायण से सम्बन्धित चित्र बने हैं जो तेजी से नष्ट हो रहे हैं।

–मान्यता है कि लव के नाम से लाहौर व कुश के नाम से क़सूर का निर्धारण हुआ।

जयति रमा रघुकुल तिलक, कौसलया सुख धाम ॥ 1 ॥ (पृष्ठ 1)

अन्त – यह रिखि मग बन फलन अहारी। तुम समरथता गमन उदारी।
इम सुन बिनै तपन रघुराई। प्रबिसे बन जिम बन दिन राई ॥ 12 ॥
इति श्री बालमीकि रामायणे आदि काबयसय....नरेन्द्र श्री निहाल सिंह कारित अयोध्याकांडे ऐकोनबिंसोधिक सतमः सर्गः ॥ 119 ॥ (पृष्ठ 159-60)

(आ) अयोध्याकाँड

आरम्भ – ੴ श्री गणेशाय नमः ॥ दोहरा ॥
दण्डक बन प्रबेस कर, लखे मुनिन थल रूर।
चीर कुसा संजुत लसत, ब्रहम सभा भरपूर ॥ 1 ॥
यथ प्रदीपत दुर दरस, रव मण्डल आकास।
संग सकल जन मल रहित, बिबिध मृगन गन बास ॥ 2 ॥(पृष्ठ 160)

अन्त – सुन राकस काम बिमोहत राम, तजे सहसा लछनो पहि आई। (पृष्ठ 178)

27. बालमीकी रामायण भाखा (पूरबारध)

लेखक – रिखी बालमीकि

अनुवादक – कवि हरिनाम

आकार – 11" x 7"

लिखित – 7½" x 5"

विवरण – पृष्ठ 324; प्रति पृष्ठ 13 पंक्तियाँ; काग़ज़ हल्का कश्मीरी, जो किरम खुरदा होने के कारण उनमें जगह-जगह छेद पड़े हुए और कुछ पृष्ठ बिल्कुल छने हुए; हाशिया पृष्ठ तक सादा बिना लकीरों के, पृष्ठ 12 से 110 तक लकीरों वाला तथा बाकी पृष्ठ 111 से 324 तक बिना लकीरों के, साथ ही उसका अर्थ भाँव बताने के लिए बारीक कलम से ही टिप्पणियाँ दी हुईं; कहीं-कहीं अशुद्धियों की सुधाई हाशिये के ऊपर की हुई, पुस्तक सजिल्द, पर काग़ज़ किरम खुरदा होने के कारण हालत अच्छी नहीं है। यह पुस्तक, जो बालकाँड से आरण्यकाँड (25 सर्ग तक) अधूरी है, अभी कहीं छपी नहीं।

समय – 19वीं सदी बि.

लिखारी – नामालूम

स्थान – कपूरथला (पंजाब)

आरम्भ – ੴ स्वसति श्री गणेशाय नमः। श्री सीता राम चंद्र चरण कमले भयो नमः। श्री महाबीर अमित प्राक्रमाय हनुमते नमः ॥ अथ बालमीक रामायण भाखा लिखयते ॥ दोहरा ॥
कनक जटत नग मंच प्रभु, ललत जनकजा साक।
चन्द्रभान मण्डल मनो, कमला कमला नाथ ॥ 1 ॥

बारता-सूरज मण्डल मै मानो लछमी नारायण हैं ॥ 1 ॥ दोहरा ॥
दामिन घन तन सुख सदन, क्रीट सुमन गन माथ।
रुचिर बसन असरन सरन, जयतु जानकी नाथ ॥ 2 ॥ (पृष्ठ 1)

अन्त – तानयो धनु जो अत कपूत, रिपु घातक रघुबीर।
अग्र चलत खल भीर खर, निरखे आस्तम आइ ॥ 1 ॥
निख सगुन कीनो धनुख, खरचिह कराल?।
सनमुख तोरहु राम के, कह सूतहि खल खाल ॥ 2 ॥
सोरठा-खर आयस ते सूत, प्रेरित भयो तुरंग बर।
जहाँ राम नृप रूप, पूत धनु धुक्त? ॥ 3 ॥
धावत ताह निहार, चहूँ ओर ते रैनचर।
गरजत नाद अपार, परवारत कीनो सचिव ॥ 4 ॥
चौपाई-रथ थित खर मध असुर सुहाही।
ज्यों मंगल गृह तारन माही।
राम प्रबल सर सहंस प्रहारी।
पीरत सम कर गरजयो भारी ॥ 5 ॥
भीम चाप प्रभु पै खल धावै।
नानु...। (पृष्ठ 324)

इससे आगे पृष्ठ गुम होने के कारण 25वाँ सर्ग अरण्यकाँड का अधूरा रह गया है।

28. राम गीता

लेखक – नामालूम

अनुवादक – नामालूम

आकार – 6" x 4"

लिखित – 4¼" x 3"

विवरण – पृष्ठ 151; प्रति पृष्ठ 8 पंक्तियाँ; काग़ज़ देसी; लिखित पुरातन, जो साफ़ पढ़ी जाती है; हाशिया सादा बिना लकीरों के; कुछ पृष्ठ फटे होने के कारण नये सिरे से मरम्मत किये हुए; पुस्तक सजिल्द, जो अच्छी हालत में है।

समय – पुस्तक दो सौ साल पुरानी प्रतीत होती है।

लिखारी – नामालूम

आरम्भ – ੴ ओम स्वसति श्री गणेशाय नमः। श्री गुर देवाय नमः। राम गीता। औैर~सी सिवोवाच। श्री जो है लखमी दो प्रकार की है। एक ईश्वरज रूप, दूसरी सत चिदानन्द रूप जिसको नित कहते हैं, जिसको चिदघन कहते हैं, जिसको आनन्द कहते हैं, जिसको रूप और गुन ते रहित कहते हैं, जिसको आनन्द रूप कहते हैं। (पृष्ठ 1)

अन्त – ताते जिस किस प्रकार ईश्वर के भजनि विखे ततपर होवै। जो मुक्ति को चाहता

है। इस प्रकार राम जी राम गीता लछमन को उपदेस करी है जीउ के कलि नमिति। जो इसको पढेगा, सुणेगा भगत करके सो मुक्ति पद को प्राप्त होवे इस विखे संदेह कछु नहि।
इति श्री मति अध्यात्म रामायणे उमा महेसुर संवादे राम गीता वरनन नाम पंचद धियाय। सम्पूरणं समाप्तं ॥ (पृष्ठ 151)

29. राम गीता

लेखक	–	नामालूम
अनुवादक	–	नामालूम
आकार	–	8" x 5"
लिखित	–	6¼" x 3½"
विवरण	–	पृष्ठ 489 (अ) से 575 तक (86); प्रति पृष्ठ 11 पंक्तियाँ; काग़ज़ देसी; लिखि साफ़ और शुद्ध; हाशिया रंगीन लकीरों वाला; शीर्षक लाल स्याही से अंकित।
समय	–	पोह वदी 14, संमत 1825 बि.
लेखक	–	होतू राम डेरा ग़ाज़ीखान निवासी
आरम्भ	–	੧ੴ सतिगुर प्रसादि। ओम स्वसति नमः ॥ राम सीता लिखयते ॥ ब्रहम जगया ओम। श्री सिव उवाच ॥ श्री जो है लखमी दुई प्रकार की ॥ एक ईश्वरज रूप ॥ सो दूसरी सचिदानन्द रूप, जिसको निति कहते हैं, जिसको चिदघन कहते हैं, जिसको आनन्द कहते हैं, जिसको रूप और गुन ते रहित कहते हैं।
अन्त	–	अन्तहकरण और अन्तहकरण कीया बिताँ का जो साखी है, सो अन्तरजामी है ॥ इहि चार प्रकार का जो भगवान का अवतार है सो माइया साथ मिलिया होया है, अरु पंचवाँ जो रूप है सो माइया ते परे पारब्रहम रूप है ॥ इह पंच ही रूप एक परब्रहम के हैं ॥ जो इनके उपासक हैं सो मुक्ति को प्राप्त होते हैं ॥ इस विखै सन्देह कछु नहीं ॥ ताँ ते जिस किस प्रकार ईश्वर के भजन विखे ततपर होवै, जो मुक्ति को चाहता है ॥ इस प्रकार राम जी गीता लछमण को उपदेस करी जीवों के कलियाण निमति। जो इस कौ पढेगा, सुणेगा, भगति कै सो मुक्ति को प्रापति होवेगा। इस विखै संदेह नहीं ॥ इत श्री मत अध्यात्म रामायणे, उमा महेस संवादे राम गीता वरनन नाम पंचदसो धियाय ॥ 15 ॥ समापतोइयं राम गीता सुभंमस्तु ॥ 1 ॥ दास होतु राम का पैरी पऊवणा वाचणा। वाहगुरु जी ॥ बोलो वाहुगरु जी ॥ एक नाम दान देणा ॥ इससे अगले अन्तिम पृष्ठ की दूसरी तरफ़ लाल स्याही से लिखा हुआ निम्नलिखित मन्त्र है– ੧ੴ सतिनाम सिव गाइत्री ओम नमो आदेस गुरु कोउ ॥ ओम सोहं ब्रहम रसु हंस निरंजन की काया, ईस्वर पारबती के कान मो सुणाइया ॥ कान मो सुणाइया

तो दरस दिखाइया ॥ अघोर घोर महा घोर सरब घोर सुन्दरी ॥
ब्रहमा घोर, सिव घोर, बिसन घोर, धरती घोर, आकास घोर, पवन घोर, पानी घोर, अगनि घोर, चन्द्र घोर, सूरज घोर, सिव घोर, सकती घोर, अंमिरी घोर, बजरी घोर॥ अठारहि भार बनासपति घोर, मन्त्र होय तउ काल को खाय। गुर गुसाई की वाचा फुर जाय। सबद साचा पिण्ड काचा। फुरे मन्त्र ईसुरी वाच ॥ 1 ॥

30. श्री राम गीता

लेखक – नामालूम
अनुवादक – साधु गोबिन्द दास उदासी
आकार – 7½" x 5½"
लिखित – 5" x 3¼"
विवरण – पृष्ठ 12; प्रति पृष्ठ 10 पंक्तियाँ; काग़ज़ देसी; लिखित साफ़ और शुद्ध; हाशिया सवा सवा इंच; शीर्षक आदि लाल स्याही से अंकित; यह पुस्तक संस्कृत की अध्यात्म रामायण (उत्तरकाँड) के कुछ अंश का अनुवाद है।
समय – अस्सू, संमत् 1915 बि.
लिखारी – नामालूम।
आरम्भ – ੧ੴ श्री गणेशाय नमः ॥ अथ भाखा प्रबन्ध श्री राम गीता परमहंस गोबिन्द दास जू की कृत लिखयते ॥ कवित्त ॥
अगुण सगुण के सरूप को सिमर कर, प्रथमे प्रणाम हम, प्रणवे उचार है।
पुना पद पंकज प्रणाम के गणेस जू के, सारसुती को सरूप रिदे मो सम्भार है।
हरि हर बिधि बयास बालमीक जू को नमन, गुरों के पदारिंद बिधि सौ जुहार है।
दोनों दासरथी को प्रणाम के, गुबिन्द दास, राम गीता गूढ भाखा भनत मो बिथार है ॥ 11 ॥
अन्त – सवैया मात्रक ॥
अध्यातम रामायण जोउ, ता मो सपत काँड सुभ कार।
ता मो उत्तर काँड अपूरब, तो मो पँचम धियाय उदार।
जाँ ते लखमन को कही राघव, ताँ ते गीता राम बखान।
परमहंस गुबिन्द दास ने, वह भाखा मो कीनी गान ॥ 39 ॥
इति श्री राम गीता भाखा प्रबन्धे परमहंस गोबिन्द दासेन विरचिंत ॥
समाप्तं ॥ सुभमस्तु ॥ श्री रामाय नमः ॥ ओम ॥

31. राम गीता

लेखक – नामालूम
अनुवादक – साधू गुलाब सिंह

आकार – 7¼" x 5"

लिखित – 4¾" x 3"।

विवरण – पृष्ठ 90 से 112 तक (22); प्रति पृष्ठ 9 पंक्तियाँ; पुरानी लिखत; काग़ज़ देसी किस्म खुरदा; हाशिया एक एक इंच; हाशिए के ऊपर तीन-तीन लकीरें, बीच में एक-एक काली और ऊपर दो-दो लाल; लिखत सीधी सादी।

समय – बीसवीं सदी बि.।

लिखारी – नामालूम।

आरम्भ – अथ राम गीता मूल भाखा लिखयते श्री महा देवोवाच ॥ कवित्त ॥

तब हरि रामचंद जगत अनन्द कंद,
कीरति रामायण सु उत्तमि बिथारिया।
पूरब अचार सु रघूतमि बिचार करे,
राज रिखी कीने जैसे जगति मझारिया।
लखमन भ्रात मतिमान बिखयात तब,
पूछयो सु रामचंद उत्तर उचारिया।
नग भूप की कहानी राम भाखिया पुरानी,
भयो मतिवारो दिज दयो सराप भारिया ॥

अन्त – ज्ञान अखल श्रुति सार, भ्रात मैं तोह सुगाए।
बेदाँति वेद सुभ चरण सु मेरे बेद बताए।
जो सरदा कर पढे करे गुर भगति निरन्तर।
सो मम रूप समाय रहे नहि रंच सु अन्तर।
सुनि जौ मम बचनन माहि, पुन भगति होइ जग ताहि उर ॥
गुलाब सिंह निज भगत को राम बखानियो औध पुर ॥ 133 ॥

इति श्री मत अध्यातम रामायणे उमा महेसुर संबादे उत्तरकाँडे राम गीता नाम पंचमो धयाय ॥ 5 ॥

32. रामचंद्र चंद्रिका सटीक

लेखक – कवि केशवदास

टीकाकार – हरिनाम कवि

आकार – 7¾" x 9½"

लिखित – 4½" x 7"

विवरण – पृष्ठ 299; प्रति पृष्ठ 25 पंक्तियाँ; लिखत पुरानी और शुद्ध, पर बारीक कलम की लिखी हुई; कुछ पृष्ठ पानी से भीगे हुए जो इसकी सीलन का पता देते हैं जिस कारण कई जगह हाशिए के साथ-साथ कुछ लिखत के अन्दर लकीरें पड़ी हुई हैं।

समय – संमत 1896 बि.

लिखारी – प्रेम सिंह, कपूरथला वाला

आरम्भ – पहले 101 पृष्ठ गुम हैं, इसलिए आरम्भिक पाठ नहीं मिलता।

अन्त – स्नान दान अनेक तीरथ, नान को फलु कोइ।
नारि वानर बिपर खयत्रि, बैसय सूद्र जि कोइ ॥
बारता ॥ जो सनान ते दानु अरु अनेक तीरथन के स्नान को फलु ताको होत है ॥
इसत्री होइ क्या पुरख होइ, छत्री बैस सूद्र कोऊ होइ ॥ 39 ॥
सुमति बिसाल निहाल सिंह, धरण पाल जसपाल।
प्रणति पाल पद पदम कृत, जिह मन मधुप रसाल ॥
हुकम पाइ हरिनाम कवि, तिन को मति अनुसार।
राम चंद्र की चंद्रका, बिरच बचनका चार ॥
संबत निगमु निध नाग ससि, क्रिसन पछ ब्रिख भान।
परपूरन पूरन चरित, भयो सु त्रयोदस मान।
इति श्री इंद्रजीत विरचितायाँ श्री मत सकल लोक लोचन चकोर चिंतामणि श्री राम चंद चंद्रकायाँ श्री सीता सीता रवण असरण सरण सरणि चरणारविंद कृत मानस मलिंद नरेस श्री निहाल सिंह कारित टीकायां सीता समागमु नामु इकोनचत्वरिंशतमः प्रकाशः ॥ 39 ॥
लिखतुम प्रेम सिंह लिखारी कपूरथले मधे लिखी ॥ संमतु अठाराँ सौ उन्नी ॥ 1819 ॥ महीने जेठ अठाराँ दिन गए 18 सम्पूरन होइ ॥ दिन शुक्रवार ॥ थित नउमी ॥ बोलो श्री राम जी ॥ सम्पूरणं सुभं ॥

33. रामचंद्र चंद्रिका टीका

लेखक – कवि केशवदास

टीकाकार – हरिनाम कवि।

आकार – 9½" x 6¾"

लिखित – 6½" x 4"

विवरण – पृष्ठ 419; प्रति पृष्ठ 13 पंक्तियाँ; काग़ज़ कश्मीरी; लिखत साफ़ और शुद्ध; हाशिया सादा काली लकीरों वाला; पुस्तक सजिल्द, जो अच्छी हालत में है।

समय – रचनाकाल संमत 1894 बि., लिपिकाल संमत 1894 बि.।

लिखारी – साहिब सिंह राजपूत।

स्थान – कपूरथला (पंजाब)

अन्त – ੧ਓ स्वसति श्री गणेशाय नमः ॥ श्री सीता रामचंद्र चरण कमले भयो नमः।
श्री हनुमत महावीराय नमः।
अथ श्री रामचंद्र चंद्रिका की बचनका लिखयते ॥ कवित्त ॥
प्रबल सकल चंड भूत मंडल कुवंड,
खंडयो रघुनंद भुजदंडन चढाइ कै।
कंज मद मोचन जनकजा सुलोचन,

निकोर मोर जोबन कै जा को मिसि पाइ कै।
सहिज बिरोधी मोर जीतयो है पिनाक तोर,
धरन पिनाक मान मनो भव धाइ कै।
कुवलै बिसाल मान दीनी दसरथ लाल,
मीत सी प्रतीत प्रीत जगत जनाइ कै ॥ 1 ॥
सोरठा—निहाल सिंह नर राय, हुकम पाइ तिन पढन हित।
लिखी सुअरथ बनाइ, रामचंद्र की चंद्रिका ॥ 7 ॥ (पृष्ठ 1)

अन्त – हुकम पाइ हरिनाम कवि, तिन को मति अनुसार।
रामचंद्र की चंद्रका, बिरच बचनका चार ॥
संबत निगमु निध नाग ससि, क्रिसन पछ ब्रिख भान।
पर पूरन पूरन चरित, भयो त्रियोदस मान ॥ 3 ॥
इति श्री इंद्र जिति विरचितायं श्री मत सकल लोक लोचन चकोर चिंतामणि श्री रानचंद चंद्रकायाँ श्री सीता सीता रवण असरण सरण सरणि चरणारविंद कृत मानस मलिंद नरेस श्री निहाल सिंह कारित टीकायां सीता समागमो नामु इकोनचत्वारिंशतमः प्रकाशः ।.....॥ लेख साहिब सिंह राजपूत कपूरथले मधे लिखी ॥ संमतु अठाराँ सौ चुरानवाँ 1894 अखाड़ सुदी त्रियोदसी भूमवार। सम्पूरणं सुभं ॥

34. श्री राम-चरित्र

लेखक – कवि सूरदास
आकार – 6½" x 6¼"
लेखित – 5" x 4¾"
विवरण – पृष्ठ 80; प्रति पृष्ठ 10 पंक्तियाँ; लिखाई सादी जो कहीं-कहीं अशुद्ध है; हाशिया सादा बिना लकीरों के; काग़ज़ मोटा देसी; स्याही काली, पर चमकीली नहीं, लिखत किसी अनजान लिखारी की है।
समय – 19वीं सदी वि.
लिखारी – नामालूम
आरम्भ – ੴ श्री गणेशाय नमह ॥ श्री राम चिरित्र (चरित्र) कृत सूरदास ॥
सूरज बंसी ॥ इछियाक बंस ॥
हरि हरि हरि हरि सिमरन करो ॥...
अन्त – अघासुर मुख पैठ निकसियो, बाल बछ जीवाय।...
आगे पृष्ठ गुम होने के कारण इससे अगला पाठ नहीं मिलता, इसलिए यह पुस्तक अधूरी है।

35. रामचरितमानस

लेखक – कवि तुलसीदास

आकार – 9½" x 6¾"

लिखित – 6¾" x 4½"

विवरण – पृष्ठ 500; प्रति पृष्ठ 12 पंक्तियाँ; काग़ज़ खाखी (देसी); लिखत निहायत साफ़ और शुद्ध; हाशिया सुन्दर रंगीन लकीरों वाला; शीर्षक छन्दों के नाम तथा अंक लाल स्याही से लिखे हुए; पुस्तक सजिल्द, जो अच्छी हालत में है।

समय – रचना-काल 17 वीं सदी वि., नकल-संमत 1911 वि.

लिखारी – भाई मोता सिंह

स्थान – सुनाम (पटियाला)

आरम्भ – ੧ੳ श्री गणेशाय नमः कमल दल विपुल नयनाभिराम श्री रामो जयतु।
श्री रामचंद्राय नमः श्री गुरवे नमः। सलोकु।
वरणानामरथ संघाना रसाना छन्द सामपि ॥
मंगलाना च करतारुं बन्दे बाणी विनायकौ ॥ 1 ॥
भवानी संकरुं बन्दे सरधा विस्वास रूपिणौ ॥
याभयाँ बिना न पसयंति सिंधः स्वाँतम्थमीस्वरं ॥ 2 ॥
बन्दे बोध मयं नितयं गुरु संकर रूपिणं।
यमाश्रतोहि बक्रौपि चंद्राः सर्वत्र बन्दयते ॥ 3 ॥
सीता राम गुण ग्रामों पुंनयारं विहारणौ।
बन्दे विसुद्ध विज्ञाणुनो कवीसर कपिसरो ॥ 4 ॥
जिह सिमरत सिधि होय, गन नायक करिवर बदन।
करहु अनुग्रहि सोइ, बुधि रास सुब गुण सदन ॥ 9 ॥ (पृष्ठ 1)

अन्त – मो सम दीन न दीन हित तुम समान रघुबीर।
अस बिचार रघुबंस मन, हरहु बिखम बव भीर ॥ 386 ॥
कामिहि नारि पियारि जिम, लोभहि प्रिय जिम दाम।
तिम रघुनाथ निरंतरहि, प्रिय लागहु मोहि राम ॥ 387 ॥
धातु बाद निरपति धरम, सतिगुर सुरिद सु प्रीति।
तुलसी या कल ना रहै, पोथी डरौ सभीत ॥ 388 ॥
श्री मद्राम चरित्र मानसम्रिदं, भरुयावगतहंयते।
ते संसार घोर पतंग किरणै दहयंति नो मानवा ॥ 2 ॥
इति श्री रामचरित्र मानसे सकल कल कलुख बिध्वंसने उत्तरकाँड समापतं ॥ 7 ॥ शुभं ॥ श्री रामचंद्र जी ॥ (पृष्ठ 499)

इससे आगे पृष्ठ 500 पर इस पुस्तक के लिखारी की तरफ से तीन दोहे दर्ज हैं–

जेठ मास दिन सप्तमी, सुरपति गुरु सुभ वार।
रामाइण लिख पहुंचियो, रघुपति दास सुधार ॥ 1 ॥
संमत उन्नी सहस था, ऊपर गयारहि साल।
परयो भोग इहि पुस्तकहि, रघुबर कथा रसाल ॥ 2 ॥

लिखत करि अति प्रेम सो, मोता सिंह सुनाम।
पढे सुणे जो रिद धरै, लहै राम कौ धाम ॥ 3 ॥

यह पुस्तक गुरुमुखी और देवनागरी अक्षरों में छपकर बहुत बार प्रकाशित हो चुकी है और इसके हिन्दी, पंजाबी, उर्दू आदि बोलियों में कितने ही टीका और अनुवाद भी हो चुके हैं।

36. रामचरितमानस

लेखक – कवि तुलसीदास

आकार – 10½" x 7¼"

लिखित – 7½" x 5¼"

विवरण – पृष्ठ 444; प्रति पृष्ठ 12 पंक्तियाँ; काग़ज़ देसी; लिखत साफ़ और शुद्ध; हाशिया रंगीन; छन्दों के नाम, अंक तथा अन्य शीर्षक लाल स्याही से लिखे हुए।

समय – 1904 वि.

लिखारी – नामालूम

स्थान – सुनाम (पटियाला)

आरम्भ – ੧ੴ सतिगुर प्रसादि ॥ श्री गणेशाय नमह ॥ सलोक ॥
बरणानामरथ संघाना रसाना छन्द सामपि ॥...

अन्त – ते संसार घोर पतंग किरणै, दझंति नो मानवा ॥ 357 ॥
इति श्री राम चरित्र मानसे कलि कलुख बिध्वंसने बिमल बिज्ञान संपादनी नाम उत्तरकाँड सपत सोपान सम्पूरणं ॥ मसत सुभमस्तु ॥ 7 ॥
भुजंग कही संखया साल श्री बिक्रमायं ॥
दिसा नाथ सालं सतं आस्रमायं ॥
सुदी जेठ आठो तिथं वारवारं ॥
लिखी राग गाथा तुलसीदास कारं ॥

37. तुलसीकृत संस्कृत मंगला का टीका

लेखक – कवि तुलसीदास

टीकाकार – बुध सिंह

आकार – 9¼" x 4¾"

लिखित – 7¼" x 3¼"

विवरण – पृष्ठ 14; खुले पृष्ठ; प्रति पृष्ठ 10-12 पंक्तियाँ; लिखत साफ़ और शुद्ध; काग़ज़ सियालकोटी; क्रम-अंक तथा शीर्षक लाल स्याही से लिखे हुए; हाशिया बिना लकीरों के सीधा-सादा।

समय – संमत 1888 वि., नकल-संमत 1892 वि.

लिखारी – नामालूम।

स्थान – (पटियाला)

आरम्भ – ੴ सतिगुर प्रसादि ॥ श्री रामाय नमः ॥ दोहरा ॥
श्री रघुवर पद कमल युग, बंदि गुरहि सिरनाइ।
रामचरित के संस्कृत, सलोक कहों वखयाइ ॥ 1 ॥
नमूना-वरणानामरथ संघाना रसाना छन्द सामपि ॥
मंगलाना च करतारुं बन्दे बाणी विनायकौ ॥ 1 ॥ (तुलसी)
टीका-बाणी विनायकौ बन्दे ॥ बाणी सरस्वती विनायक गणेस
तिन दोनों को मैं बन्दना करो हौं।...

अन्त – सो ॥ भूल परी जह होइ, लीजो सुकब (सुकवि) बनाइ कै ॥
हान लाभ नहीं कोइ? सरब आतमा दिसटि मैं ॥ 51 ॥
पहिली प्रति को संमत पटियाले बिखै ॥ दो ॥
सिध बसु भुज चंदी मही, संमत सुक्रवार।
जेठ वदी दसमी भली, बरनयो कोस बिचार ॥ 52 ॥
अथ इस प्रति को संमत इंद्रप्रस्थ (दिल्ली) बिखै ॥ दो ॥
एन खड बसु चंद्रमा, संमत कातक मासु।
किसन पंचमी वार रवि, भयो गथ सुख रास ॥ 53 ॥
छबिस दोहे दो छपे, एक सोरठा जान।
टेइस कही सु चौपई, एक सवैया मान ॥ 54 ॥
अथ कोश समापतं सुभं भवेति ॥

कबित्त ॥ श्री गुर नानक अभेद पार ब्रहम रूप,
अंगद अनूप गुर उपमा अपार है।
सतिगुर अमर अनन्त गुर रामदास,
रमण सुसील गुरु अरजन सार है।
हरि गुबिन्द गुरु गुरु पूरप सु हरि राय,
हरत कलेस हरि किसन सुख कार है।
तेग सु बहादर अपार गति जानीयत,
सु गुरु गोबिन्द सिंह दसम अवतार है ॥

38. श्री रामचरितमानस सटीक

लेखक – कवि तुलसीदास
टीकाकार – ज्ञानी सन्त सिंह अमृतसरी
आकार – 15" X 13½"
लिखित – 10½" X 9"
विवरण – पृष्ठ 659; प्रति पृष्ठ 21 पंक्तियाँ; काग़ज़ बढ़िया कश्मीरी; लिखत निहायत साफ़ और शुद्ध; हाशिया अत्यन्त सुन्दर (दोहरा) रंगीन लकीरों वाला; हरेक काँड के

पहले पृष्ठ सुनहरे बेल-बूटों से सजे हुए; शीर्षक, छन्द-अंक, बहुत सारे विश्राम चिह्न तथा अन्य खास शब्द लाल स्याही से अंकित; पुस्तक सजिल्द, जो बड़ी अच्छी हालत में है।

मय – संमत 1881-87 वि.

कल – संमत 1902 वि.

लखारी – भाई राम सिंह, लाहौर

थान – श्री अमृतसर

ारम्भ – ੴ श्री गुरवे नमः। श्री रामचंद्राय नमः ॥ दोहरा ॥
प्रथम विनायक विघनहर, वर दाता पदवंद।
पुनि सुभ दान सरस्वतिहि, प्रनमो आनंद कंद ॥ 1 ॥
श्री गुर नानक नमो नित, नारायण वप जान।
सदो रूप दस दिसा मम, दीपति दीजै दान ॥ 2 ॥
गौरी संकर सयाम घन, वंदो शात सरूप।
आदि कविहि नम राम जस, वरनयो जाँहि अनूप ॥ 3 ॥
महाँबीर मति धरि मम, मन की काटो पीर।
नम तुहि तनै समीर मुहि दरसावो रघुबीर ॥ 4 ॥
सीता सीतल रूप प्रभ, राम बलभा जान।
बन्दो मो पर कृपा कर, वरनौ भाव महान ॥ 5 ॥
रमत राम सुख धाम मम, कुमति दाम को काट।
राम चरित्र रस प्रगट कर, कहौ दिखावहु बाट ॥ 6 ॥
तुलसिदास तुलसी सरस, रामहि प्रिय गंभीर।
तिह जब हुलसी दीन तब, मो मन बाँधी धीर ॥ 7 ॥

अथ कथा प्रसंग। श्री रामचरित्रमानस को श्री शंकर जी ने परम पवित्र जान जीवों के कल्याण निमित तिस मो गिरजा को सनान कराइया है अर सोई चरित्र लोगों के मनों से दोस निकासण हेतु अति विचित्र रीति सों ब्रहमा जी ने सत कोट वरनन कीया है अरु आगिया दै कै महा मुनीस्वर बालमीक जी से भी कहाया है–सो मात लकि में इस कथा के मुख्य प्रवरतक बालमीक जी ही भये हैं.....तिस कृपाल मुनिवर ने गोस्वामी तुलसीदास जी का सरूप धारिया अरु राम चरित्र मानस को भाखा बाणी मो विसतारया..."वरणानामरथसंघानां..." (पृष्ठ 1)

अन्त – पुनयं पाप हरं सदा सिव करं...दहयंति नो मानवाः। आप पवित्र अरु स्रोतयहु वकुयहु के पापहु का हरता अरु कलयाण करता...सो मानव संसार रूपी भानु कीया वासना रूपी घोर किरणा मो कबू न जलैंगे...॥ इति श्री राम चरित्र सम्पूरणं ॥

श्री मति भाई सूरति सिंह जी ज्ञानी का आतमज संतहु का दासनुदास संत सिंह श्री मत रामचरित्रमानस की भाव प्रकासनी टीका अपनी मति अनुसार

संबत अठाराँ सो इकासी 1881 मारगसिर वदी प्रतिपदा 1 को लिख पहुचे अरु संबत 1887 लग सोध पहुचे...इति श्री रामचरित्रमानसे भाव प्रकासे सकल कलि कलुख बिध्वंसने अविरल भक्ति संपादने...सपतमो सोपान सम्पूरणं उत्तरकाँड समापतं ॥... (आगे लिखारी की तरफ से)

दोहरा ॥ संमत सर नभ निध खिता, सावन सुदि सनिवार।
सुभ दिन पूजा बयास मुन, पोथी लिखी सुधार ॥ 1 ॥
लिखवायो निज सुधासर, दसरथ मंद मृगिंद।
मंगलवायो लवपुरी मै, सिमरन हित गोबिन्द ॥ 2 ॥
सटीक तुलसि रामैण को, पढे सुणे चित्त लाइ।
मन बाँछत फल को लहै, रिद हरिचरण बसाइ ॥ 3 ॥
राम नाम ही सार है, या भव सागर माहि।
आदि अंत रखया करै, संसा या मै नाहि ॥ 4 ॥ (पृष्ठ 658-59)

39. श्री रामचरितमानस सटीक

लेखक – कवि तुलसीदास

टीकाकार – ज्ञानी सन्त सिंह अमृतसरी

आकार – 13½" x 7"

लिखित – 9¼" x 5¼"

विवरण – पृष्ठ बालकाँड 374, बनकाँड 73, किशकिंधाकाँड 46, सुन्दरकाँड 64, लंकाकाँड 143, उत्तरकाँड 107, कुल जोड़ 807; प्रति पृष्ठ 13-14 पंक्तियाँ; काग़ज़ देसी; लिखत साफ़ पर सीधी सादी जो कई जगह अशुद्ध भी है; बाककाँड का हाशिया रंगीन (लकीरों वाला) और बाकी काँडों का हाशिया सादा बिना लकीरों के; पुस्तक सजिल्द, पर जिल्द टूटी हुई है और पृष्ठ भी कई जगह उखड़े हुए; अयुधियाकाँड इसमें शामिल नहीं है, बाकी काँड भी विकोलित्रे हैं।

समय – संमत 1887 वि.

नकल – संमत 1947 वि.

लिखारी – करतार सिंह

आरम्भ – ੧ੳ श्री गुरवे नमः। श्री रामचंद्राय नमः ॥ दोहरा ॥
प्रिथम विनायक विघन हर, वर दाता पद बन्द।
पुनि सुभ दान सरस्वतिहि, वंदो आनंद कंद ॥ 1 ॥

अन्त – जो अरथ भाव मेरे सो रह गया है तिस का दोस संतहु ने मुझ पर ना धरना, जो मेरे लिखण मो आया है तिसी को असचरज मानकर पढना सुनणा बालक की तोतरी बातहु वत सलाहणा अरु किरपा करणी जो मै श्री रामचंद्र जी के सरूप को पावो।

इति श्री रामचरित्रमानसे भाव प्रकासे सकल कलि कलुख बिध्वंसने अविरल भक्ति

संपादने हरि पद दायने नाम समतमो सोपान सम्पूरणं। उत्तरकाँड समापत श्री रामचंद भरत लखयमण सत्रुहनु जनुमंत जी आदिकहु को वारंवार प्रमाण। पुस्तक समापत होइया।

आगे उक्त लिखारी की ॥ दोहरा ॥
आद सिंध पुन बेद गृह, इंद साल को बीज।
राम चरित पूरन भयो, कातक की थित तीज ॥ 1 ॥
कृसन पख गुरुवार को, टीका लिखयो सुधार।
संत सिंह बडभाग ने, जो कुय कियो उचार ॥ 2 ॥
पाटमपुर बसबो भलो, नदी कुसलिया तीर।
भूप भला राजिंद्र सिंह, आगियाकारी बीर ॥ 3 ॥
सतद्रव की नहिराँ चले, चारों तुरफ हमेस।
लाट और लफटंट मिल, आकर करें आदेस ॥ 4 ॥
अखतियार के देन पर, भाट भये जिय लाट।
चकत चौध सुर नर भये, देख तुमारो ठाठ ॥ 5 ॥
लेखक की यहि बेनती, हे सुर नर के राइ।
पाँच काँड यहि अंत के, तुम हित लिखे बनाइ ॥ 6 ॥
क्रतार सिंह की बेनती, सुनीयो सेस सवार ॥
मराराज कुल राज सब, बढते रहें अपार ॥ 7 ॥

सुभं ॥ बकलम करतार सिंह लिखारी पृष्ठ कुल 437, किंसकिंधाकाँड पृष्ठ 48, बनकाँड पृष्ठ 65, सुन्दरकाँड पृष्ठ 74, लंकाकाँड पृष्ठ 143, उत्तरकाँड पृष्ठ 197।

40. राम-चरित्र रामायण

लेखक – बसावा सिंह, भल्ला

आकार – 9¾" x 6¼"

लिखित – 7½" x 4¾"

विवरण – पृष्ठ 118; प्रति पृष्ठ 11 पंक्तियाँ; काग़ज़ देसी; लिखत सीधी-सादी शिकस्ता, जिसमें अशुद्धियाँ भी हैं; हाशिया सादा लकीरों वाला; शीर्षक, छन्दों के नाम तथा अंक लाल स्याही से लिखे हुए।

समय – संमत वि. 1900 के आस-पास

लिखारी – नामालूम

आरम्भ – ੧ੴ सतिगुर प्रसादि ੧ੴ स्वसति श्री गणेशाय नमः।
अथ श्री राम चलित्र रामायण सासत्र पुरान ग्रन्थ भाखा कृत बसावा सिंह बालकाण्डे लिखयते ॥
मंगलाचरन ॥ दोहरा ॥ देवी माता सरसुती, सरदु इंद सम हास।...

अन्त – राम कृसन हरि बिसन परभु, दास जान अजान।

सिंह बसावा कव कहै, पत राखो भगवान ॥ 52 ॥

इति श्री राम चलित्रे महा पुराने रामायन सासत्र ग्रथे उत्तरकाण्डे लव राज सभ भ्रात
सहित पावन राम नाम ठाईसमो धियाइ ॥ 28 ॥ समापतमसतु सुभ मसतु ॥

41. रामायण

लेखक – कवि कपूर चंद, त्रिखा

आकार – 6" x 5"

लिखित – 5" x 4½"

विवरण – पृष्ठ 38; प्रति पृष्ठ 10 पंक्तियाँ; काग़ज़ देसी; लिखत बड़ी सीधी, जो कई जगह अशुद्ध भी है; हाशिया सादा टेढ़ी-मेढ़ी लकीरों वाला; पुस्तक सजिल्द, जो अच्छी हालत में है।

समय – संमत 1703 बि. (मुताबिक सन् 1054 हिजरी)। शाहजहाँ बादशाह के समय यह रामायण लिखी गयी।

लिखारी – नामालूम

आरम्भ – ੴ सतिगुर प्रसादि। अथ रामायण कव कृत कपूर चंदे लिखयते ॥ दोहरा ॥

गुरु गनेस अरु सारदा, सिमरे होत आनंद।
कछुकु हकीकत राम की, अरज करतु है चंद ॥ 1 ॥
पेसानी संधूर है, दसत चार नरि डील।
देव अजायब अजब है, एक दसन सिर फील ॥ 2 ॥
परमेश्वर परमात्मा, हउ जु जपत हौं तोहि।
बधु सिध अछर सरस, देहू कृपा कर मोहि ॥ 3 ॥
आदु जुगादु अनादु हैम जपै ताहि सब कोइ।
राम चरित्र अदबुध कथा, सुनै पुंन फल होइ ॥ 4 ॥
जैसे जा की बुध है, उपजै जैसी होइ।
रे बचित्र बुध जन सुनहु, हास न करियो कोइ ॥ 5 ॥ (पृष्ठ 1)

अन्त – पारस न चाहो पारजात कउ न धावो आन।
देव को ध्यावो बात करत सुभाव की।
चाहौ न सुमेर कौ कुमेर सौ दान न करो,
कामना न धरौ मानधेन के उपाव की।
चाहौ न रसायन जो सोना करो ताँबर हु ते,
राखत न तमा नेक आन के सुहाव की।
जाच नीके हाथ अउढाता हो इहै साच,
चंद निज चाहता हो कृपा रघुराव की ॥ 144 ॥
छपै ॥ संबतु सत्रा सै नृप बिक्रम को गनीए।
एक हजार पंचाहि चार सन तुरकी भनीए।

फरवरदी बैसाव चत्र नर जानै ज्ञाता।
सहिजहि बादसाहि अदल आदल बिखयाता।
इक चार पाँच सभ इ कबित्तु, पढत सुणत हरखत हियो।
जसु बरनन श्री रघुबीर कउ, कपूर चंद तिखे कहियो ॥ 145 ॥

(पृष्ठ 37-38)

यह पुस्तक अभी तक कहीं छपी नहीं है।

42. रामायण रामचंद्रोदय (बालमीकी रामायण का भावानुवाद)

लेखक – कवि निहाल

आकार – 13" x 8¼"

लिखित – 9½" x 6¾"

विवरण – पृष्ठ 331; प्रति पृष्ठ 13 पंक्तियाँ; काग़ज़ देसी; लिखत साफ़ और शुद्ध; अक्षर कुछ मोटे, छन्दों के नाम तथा अन्य शीर्षक लाल स्याही से लिखे हुए; हाशिया सुन्दर रंगीन लकीरों वाला; पुस्तक सजिल्द, यह पुस्तक अभी तक कहीं छपी नहीं।

समय – संमत 1902 बि.

लिखारी – भाई मताब सिंह

स्थान – पटियाला

आरम्भ – (बहुत सुन्दर दोहरे तिहरे चौकोने रांगले हाशिए के बीच)
ੴ सतिगुर प्रसादि।
अथ रामायण राम चँद्रोदै सुकवि निहाल कृते लिखयते ॥
दोहरा ॥ एक रदन गज बदन बर, बीजलिज घन सयाम।...

अन्त – नगर पटन पुर बसत ही, महाराज दरबार।
राम चंद्रोदै ग्रन्थ बर, सुकवि निहाल सुधार ॥ 59 ॥
इति श्री उमा महेस्वर संबादे रामाइण मरजादे बालमीक परसादे सुकव निहाल बिरचिते राम चंद्रोदै उत्तरकाँडे कला खोडस सम्पूरणं ॥ सुभंमस्तु ॥

आगे खाली पृष्ठ पर यह शब्द लिखे हुए हैं—लिखत मताब सिंह, जिससे पता चलता है कि इस पुस्तक का लिखारी भाई मताब सिंह ही था।

43. रामायण रामचंद्रोदय

लेखक – कवि निहाल

आकार – 13" x 9½"

लिखित – 9½" x 6¾"

विवरण – पृष्ठ 331; प्रति पृष्ठ 13 पंक्तियाँ; लिखत मोटी; काग़ज़ देसी; स्याही काली चमकदार, शीर्षक तथा छन्दों के नाम लाल स्याही से लिखे हुए; हाशिया रंगीन।

समय – कत्तक संमत 1903 बि.

लिखारी – भाई मताब सिंह

आरम्भ – ੴ सतिगुर प्रसादि ॥ अथ रामायण राम चँद्रोदै सुकवि निहाल कृते लिखयते ॥
दोहा ॥ एक रदन गज बदन बर, बीजुलिजु घन सयाम ।...

अन्त – नगर पटन पुर बसत ही, महाराज दरबार।
राम चंद्रोदै ग्रन्थ बर, सुकवि निहाल सुधार ॥ 59 ॥
इति श्री उमा महेस्वर संबादे रामाइण मरजादे बालमीक परसादे सुकव निहाल बिरचिते राम चंद्रोदै उत्तरकाँडे कला खोडस सम्पूरणं ॥ सुभंमस्तु ॥

44. रामास्वमेध भाखा (आध्यातम रामायण समेत)

लेखक – रिखी बियास

अनुवादक – ज्ञानी सन्त सिंह, अमृतसरी

आकार – 9½" x 6¾"

लिखित – 6½" x 4½"

विवरण – पृष्ठ 307; प्रति पृष्ठ 12 पंक्तियाँ; काग़ज़ हल्का कश्मीरी; लिखत साफ़ और शुद्ध; हाशिया सादा काली लकीरों वाला; पृष्ठ किरम खुरदा होने के कारण जगह-जगह पर छेद पड़े हुए; पुस्तक सजिल्द, जो अच्छी हालत में है।

समय – रचनाकाल संमत 1877 बि.

लिपिकाल – काल संमत 1892 बि.

लिखारी – भाई प्रेम सिंह

आरम्भ – ੴ स्वस्ति श्री गणेशाय नमः। श्री हनुमंते नमः। अथ रामास्वमेध भाखा लिखयते दोहरा ॥
पृथम बिनायक बिधन हर, बर दाता पद बन्द।
पुन सुभ दान सरस्वतिहि, प्रनमो आनंद कंद ॥ 1 ॥
दोहरा ॥ परम हंस स्वादित चरन, सररहु चिन मकरंद।
बसहु मोर हिय राम सिण, जयतु सचिदानंद ॥ 2 ॥
श्री सतिगुर नानक नमो, सत चित आनंद रूप।
श्री गुर गोबिन्द सिंह रवि, भ्रम तम हरन अनूप ॥
पवन कुमार उदार मन, गुनागार घन बोध।
राम भगत रसदान मुहि, करहु बिमल चित सोध ॥ 4 ॥
सोरठा ॥ रघुबर चरित अनंत, मम मति है अति ही अलप।
खिमा करै सभ संत, जो अनुचित हवै बरण पद ॥ 5 ॥

अन्त – रामचंद युत सिय की, प्रितमा कनक बनाय।
अंगद कुंडक कनक बर, मुद्रकादि पहिराय ॥ 36 ॥
सुन्दर बसत्रन युगति करिम गुर को देवै जोइ।
देव पित्र तृप्ति है, लहि बैकुंठ सोइ ॥ 37 ॥

छन्द ॥ तब रुच निहार बिचार कर इहि कथी गाथा पावनी।
इहि ते अधिक मुनिराज को नहि भुवन माहि सुहावनी।...
सुन राम जसु भव सिंधु तर, कैवलय पद नर पावनी ॥ 38 ॥
दोहरा—गोबध मदय पवाल जन, गुरतलपी नर जोइ।
स्रवन मात्र इहि कथा के, सो पुनीत नर होइ ॥ 39 ॥
श्री मत सूरत सिंह जी ज्ञानी संगया जाहि।
संत सिंह तिन को सुवन, श्री अमृतसर माहि ॥ 40 ॥
तिन निज जनम सुधार हित, कीनो इहै बिचार।
राम सुजस गायन स्रवन, कलजुग में इहि सार ॥ 41 ॥
पूछत पँडितन ते सबिध, भाखा कीनो ग्रन्थ।
श्री रघुनायक कृपा कर, मुहि दिखाहि निज पंथ ॥ 42 ॥
द्वीप-द्वीप गज ससि बरख, मिथन सुकल तिथ दूज।
पूरन कीनो ग्रन्थ इहि, राम पदम पद पूज ॥ 43 ॥
सिय रघुबर लछमन भरत, रिपुसूदनु हनुमान।
सभ जी होय कृपाल मुहि, देहु भगत बरदान ॥ 44 ॥
प्रीति होय सतसंग मुहि, अंति मिलै हरि नाम।
मन बच क्रमकर हित सहित, सद सिमरौ श्री राम ॥ 45 ॥
इति श्री पदम पुराणु पाताल खंडे सेस वातसायन संबादे रामान्वमेध भाखा बिरचितायां खसट असटमो धयाय समापतं ॥ 68 ॥
समापतोअं भाखा रामास्वमेध सम्पूरणं। संमत अठारा सै बावना ॥ 1892 ॥ पोथी साहिब सपुरन होई भादव अमिवसया (मस्सिया) को वीर वार के दिन। प्रेम सिंह लिखारा दास सेवक जानकर संत राम बखसते ही।...(पृष्ठ 306-307)

यह पुस्तक अभी तक कहीं छपी नहीं, जिस कारण दुर्लभ है। इसकी कोई दूसरी प्रति भी कहीं देखने में नहीं आयी।

(आ) आध्यातम रामायण (कृत साधु गुलाब सिंह जी निरमले)

रचनाकाल—संमत 1839 बि.।

आरम्भ – ੧ੴ सतिगुर प्रसादि।.......दोहरा ॥
देवी माता सारदा, सरद इंदु सम हास
बन्दो पद पंकज सदा, करो सुमति परगास ॥ 1 ॥ (पतरा 1)

अन्त – ग्रह अग्नि वस चंद पुन, संबत आनन्द सार।
दसमी कातक सुदि सुभ, सुराधीसु गुरुवार ॥ 53 ॥
इति श्री मत आध्यात्म रामायणे उमा महेश्वर संबादे उत्तरकाण्डे बैकुंठ निरयाणो नाम नवमोध्याम ॥ 9 ॥ सुभ मुहूरति सम्पूरण पोथी होई।
लिखारी प्रेम सिंह की भूल-चूक बखसणी। संमत 1897 सावण के पँजी दिन गये कपूरथले मधे लिखी ॥ सुभं ॥ 1 ॥ (पतरा 309)

45. रामास्वमेध भाखा

लेखक – रिखी बियास

अनुवादक – हरिनाम कवि

आकार – 10" x 6"

लिखित – 7¼" x 4"

विवरण – पृष्ठ 215; प्रति पृष्ठ 11 पंक्तियाँ; काग़ज़ हल्का कश्मीरी; लिखत साफ़ और शुद्ध; हाशिया सादा बिना लकीरों के; काग़ज़ किरम खुरदा, जिस कारण हरेक पृष्ठ पर छेद पड़े हुए; पुस्तक सजिल्द।

समय – रचनाकाल 1897 बि.

लिपी – काल संमत 1906

लिखारी – नामालूम।

आरम्भ – ੧ਓ अं स्वस्ति श्री गणेशाय नमः। श्री रामचंद्र चरण कमले भयो नमः। श्री हनुमते नमः। अथ रामास्वमेध भाखा लिखयते ॥ कबित्तु। सरल लसन सार सुख सुचता सबाद, सुखमा सरोवर सुहाग सुख रस है।... (पृष्ठ 1)

सुमत बिसाल निहाल सिंघ, सभ जग करण निहाल।
अंतरि पदम पुराण के, खंड पाताल बिसाल ॥ 19 ॥
ता के मध रघुबीर को, बाजमेध जो चरित्र।
प्रगटावन भावन जगत, चित भर परम पवित्र ॥ 20 ॥
राय राम सुख सुत सुमत, कवि हरिनाम सुजान।
हुकम दयो कर मान तिह, धरयो सीस मणि मान ॥ 21 ॥
तब तिन की चित रुचिरु चिर, निरख राम जस सार।
भाखयो भाखा जथामति, सुरबानी अनुसार ॥ 22 ॥ (पृष्ठ 3)

अन्त – देख संसकृति जथामति, पदम पुराण प्रधान।
ताके अनुसार राम जस, कबि हरि नाम बखान ॥ 18 ॥
सीस नाय कर जोर कै, बिनै करो कवि लोग।
भूल समूल कबूल कै, छमो छमा के जोग ॥ 19 ॥
संबति मुनि नव बसु ससी, फागुन बदी सु दूज।
कियो ग्रन्थ रविवार को, पूरण हरिपद पूज ॥ 20 ॥
दुत चपला घन सयाम सम, काम बाम औ काम।
श्री निहाल सिंह भूप उर, करो धाम सिय राम ॥ 21 ॥
इति श्री पदम पुराणे रामास्वमेधे श्री सीता राम।...(पृष्ठ 214)

इससे आगे पृष्ठ 215 पर लिखारी ने राजा निहाल सिंह जी कपूरथला की उसतत करके इस पुस्तक के तैयार किये जाने का संमत 1906 लिखा है।

46. राम रछिया

लेखक – स्वामी रामानंद

आकार – 6" x 8½"

लिखित – 4½ x 7"

विवरण – पृष्ठ 360 से 362 तक (3); प्रति पृष्ठ 21 पंक्तियाँ; काग़ज़ देसी; लिखत साफ़ और शुद्ध; हाशिया सादा बिना लकीरों के; लिखाई में कहीं-कहीं लाल स्याही प्रयोग की गयी है।

आरम्भ – ੧ੳ सतिगुर प्रसादि ॥ राम रछिया रामानंद जी की ॥ ओंम अखंडि मंदलं निराकार बाणी... (पृष्ठ 360)

अन्त – रोम उनमनी आकास उनमनी ॥ श्री बासदेव उनमनी ए श्री सुनि उनमनी ऐते राम जी की राम रछिया पडंते संझि सकारे गुर गोबिन्द के चरनारबिन्द नमो नमस्ते ॥ बोलो भाई जी वाहगुरु जी ॥ 1 ॥ (पृष्ठ 392)

47. राम रिदे सतोत्र

लेखक – साधू गुलाब सिंह

आकार – 7¼" x 5"

लिखित – 4¾ x 3"

विवरण – पृष्ठ 84 से 89 तक (6); प्रति पृष्ठ 9 पंक्तियाँ; लिखत पुरानी; काग़ज़ देसी किरम खुरदा; हाशिया एक-एक इंच, बीच में एक-एक लकीर काली और गिर्द दो-दो लाल लकीरें; लिखत सीधी सादी।

समय – बीसवीं सदी बि.

लिखारी – नामालूम

आरम्भ – ੧ੳ सतिगुर प्रसादि ॥ श्री महादेवोवाच ॥ राम रिदे ॥ दोहरा ॥
पारबती को प्रसनि मै, उत्तर एक अनूप ॥
परम गोप दरलभ महा, सुने मिटे तम कूप ॥

अन्त – नारज छन्द ॥
से जानकी समेत रामचंद जो प्रगटाइयो।
महेसजा महातमे निज प्रिया सुनाइयो।
समेत सिय राम के रिदे सु राम को।
गुलाब सिंह दास के, मुख बसो अनंद को ॥ 565 ॥
इति श्री मत आध्यात्म रामायणे उमा महेश्वर संबादे श्री रिदियं नाम दुतीयो ध्याय ॥ 2 ॥

48. राम रिदे भाखा

लेखक – साधू गोबिन्द दास उदासी, परमहंस

आकार – 7½" x 5½"

लिखित – 5" x 3¼"

विवरण – पृष्ठ 8 (पृष्ठ 44 से 51 तक); प्रति पृष्ठ 10 पंक्तियाँ; काग़ज़ देसी; लिखत साफ़ और शुद्ध; हाशिया सादा; विश्राम चिह्न, शीर्षक आदि लाल स्याही से लिखे हुए; यह पुस्तक आध्यातम रामायण के पहले काँड में से है।

समय – संमत 1904 बि.

लिखारी – नामालूम।

आरम्भ – ओम श्री गणेशाय नमः। अथ राम रिदे भाखा प्रबंध परमहंस गोबिन्द दास कृत लिखयते।
दोहरा। प्रणव प्रणव के गणपते, सारस्वती सिर नयाइ।
राम रमापद पदम नम, पारबती पति ध्याइ ॥ 1 ॥
श्री गुरु राजा राम नम, श्री मदद्वैतानंद।
राम रिदे भाखा भने, परम हंस गोबिन्द ॥ 2 ॥

अन्त – उनविंसत सो सुभ संमत था, थित पंचम दसाधिक आसनु मासा।
पित्र पख तिथी पुन द्वादसि थी, तिम बासर सोम सु मास प्रकासा।
सरता हरता अघ चंद्रभगा तट, एक अमात पुरी सुभ बासा।
तिस मो रच राम रिदे रुचि सो, रम कीन सु पूरण गोबिन्द दासा ॥ 30 ॥
दोहरा ॥ राघव रिदे रधाँत जो, राघव करणा धार।
परमहंस गोबिन्द के, राखो रिदे मझार ॥ 31 ॥
इति श्री मत आध्यात्म रामायणे प्रथम कांडे भाखा प्रबंधे परमहंस गोबिन्द दासेन विरचिते दुतीयो ध्यायः समापता ॥

49. रामाज्ञा

लेखक – कवि तुलसीदास

आकार – 9¾" x 7"

लिखित – 6¼" x 4¾"

विवरण – पृष्ठ 146 से 169 तक (24); प्रति पृष्ठ 12 पंक्तियाँ; लिखत साफ़ और शुद्ध; हाशिया लकीरों वाला; काग़ज़ कश्मीरी।

समय – 17वीं सदी बि.

लिखारी – सुदागर

आरम्भ – ੧ੴ श्री सीता रामो जयते अथ राम आज्ञा लिखयते ॥ 1 ॥
प्रथम सर्ग की पहिली दहाई ॥ दोहरा ॥
बनि बिनायक अंब रवि, गुरु हरि रमा रमेस।

सिमर करहु सुभु काज सभ, मंगल देस बिदेस ॥ 1 ॥
गुर सर सूई सिंधु कर, बदनि सु सुरसरि गाय।
सिमरि करिहु मंगल मुदित, हवै है सुकृति सहाय ॥ 2 ॥

अन्त – गुर बिस्वास बिचित्र मति, सुगन मनोहर हारि।
तुलसी रघुवर भकति उर, बिलसत बिमल बिचार ॥ 7 ॥
इति श्री रामाज्ञा सपतम् सरग समापतं ॥
सौण घाल बाँको वयोरो एक सौ आठ कमल गटा आणै, तीन मूठी धरै ॥ साति को भाँग दे गिणै पहिली मूठी सरग ॥ दूसरी दहाई ॥ तीसरी देहो सनीसर सर पोथी नयोतै ॥ अदिति सौ घाले. प्रसाद बाँटै ॥ सौण बिचार कहै ॥

इस पुस्तक के 7 सर्ग हैं।

50. (अ) श्री राम नाम प्रताप प्रकाश

लेखक – श्री युगलाननय सरण

आकार – 6½" x 10"

लिखित – 5" x 8"

विवरण – पृष्ठ 96; प्रति पृष्ठ 21 पंक्तियाँ; काग़ज़ सियालकोटी; लिखत सीधी-सादी; कई जगह शीर्षक, अंक आदि लाल स्याही से लिखे हुए; हाशिया सादा बिना लकीरों के; काग़ज़ सीला होने के कारण कई जगह लाल-काली स्याही के निशान आर-पार दिखाई देते हैं। कुल प्रमोद अथवा अध्याय इस पुस्तक के 10 हैं और इसके अन्त में भाव रसामृत (गुलाब सिंह) और तमाखू नखेध (महिताब सिंह) दो पुस्तकें और शामिल हैं।

समय – लगभग अस्सी साल पुरानी लिखत है।

लिखारी – नामालूम

आरम्भ – ੧ਓ सतिगुर प्रसादि। श्री रामाय नमः ॥ दोहरा ॥
श्री रघुबर मंगल करन श्री गुर कृपा निधान।
संत सिरोमणि बन्द सब, बरनो रहसय प्रधान ॥ 1 ॥
नाम प्रताप प्रकाश शुभ, नाम ग्रन्थ रमणीय।
नाना मत इक ठोर महि, बिचरौ मत कमनीय ॥ 2 ॥ (पृष्ठ 1)

अन्त – श्री राम नाम निसचै करि के परम तत सरूप है। श्री राम नाम ही तारक ब्रहम है ॥ 18 ॥
रकार की रेफ में तीनों देवता शक्तियों सहित सदा इसथित हैं। ॥ 19 ।
इति श्री राम नाम प्रकाश प्रमोद निवासे श्री युगलाननय सरंन संग्रहीते स्रती बाकय प्रमाण निरूपणं नाम दसमो प्रमोदः ॥ 10 ॥ दोहरा ॥
स्रवण कीरतन राम कौ, समरण सेवा पाइ।
अरचन बन्दन सखा प्रभ, दास निवेदन काइ ॥ (पृष्ठ 96)

(आ) भाव रसामृत (कृत साधू गुलाब सिंह)

आरम्भ – ੧ੳ सतिगुर प्रसादि। सवैया। सेत करे जिन सागर पै...। (पृष्ठ 1)

अन्त – ...हरि के पद पंकज भेट चढाई ॥ 130 ॥
इति श्री मत मान सिंह चरण सिखत गुलाब सिंहेल गोरी राइ आतमजेन विरचितं भाव रसामृत ग्रन्थ समापतं। (पृष्ठ 12)

(इ) तमाखू निषेध (कृत महिताब सिंह)

आरम्भ – ੧ੳ सतिगुर प्रसादि। अथ तमाखू निसेध लिखयते ॥ कबित ॥
श्री गुर नानक अनक.....। (पृष्ठ 13)

अन्त – बिधि आनन आइन निधी, ससि शुभ संबत चीन।
मंगल बासर बिजै की, दसमी बिघन बिहीन ॥ 35 ॥

इति श्री मत सकंध पुराणे मथराखंडे श्री मत गुलाब सिंह सिखत महताब सिंह भाखा विरचिंत तमाखू निषेध वरणनं नाम (पँचमो अधयाय?)...। नमः। (पृष्ठ 14)

51. लव-कुश की कथा

लेखक – कवि साहिब दास

आकार – 6" x 10"

लिखित – 4½" x 9"

विवरण – पृष्ठ 52; प्रति पृष्ठ 23 पंक्तियाँ; लिखत पुरानी; काग़ज़ देसी; लिखाई साफ़ और शुद्ध; हाशिया आधा आधा इंच; हरेक पृष्ठ के चारों ओर दो-दो लकीरें।

समय – 18 वीं सदी बि.

लिखारी – नामालूम

आरम्भ – सतिगुरोवाच ॥ श्री राम जी ॥ अथ लव कुस प्राक्रम बरचते ॥ कृत साहिब दास जी की ॥ छपै ॥
पृथम बन्दो पार ब्रहम पतित पावन सुख सागर।
दुतीय बन्द गुर देव कृपा जहि जड़ रतनागर।
तृतीय बन्द सभ संत नित औतार धार हर।
सकल जगति की जननि गिरा पग परउ जोर कर।
बिधि हरि हर गणपति बिध भूअ सुर के बन्दो चरण।
बिमल बुध बरु कृपा कर परसो दास साहिब सरन ॥ 1 ॥

अन्त – छपा। लव कुस कथा प्रसंग, भइयो पूरन जस बिध वत।
जथा बुध अनुसार, कीयो बरनन मनि हरखत ॥
जिम टहकन कव कही, धरी स्रवनन सुभ बानी।
कछु वाको उलथाइ करी, कछु उकत कहानी।

सुनी चोपई दोहरा बहुरै छन्दन महि करी ॥
छमा कीजियो बुध जनो, जहा चूक मो ते परी ॥ 67 ॥
इति श्री...कथा लव कुस...खसटमो अंक समापतं सुभमस्तु। श्री राम जी।

इस हस्तलिखित में श्री रामचंद्र जी के पुत्र लव और कुश की कथा कवी टहकन कृत जैमनी अस्वमेध के आधार पर लिखी गयी है।

52. अध्यात्म रामायण

लेखक – रिखि बियास।
अनुवादक – साधू गुलाब सिंह
आकार – 7" x 5¼"
लिखित – 5½" x 4"
विवरण – पृष्ठ 532; प्रति पृष्ठ 10 पंक्तियाँ; काग़ज़ देसी; लिखित साफ़ जो कहीं-कहीं अशुद्ध होने के कारण हाशिए पर सुधारी हुई है; कठिन शब्दों की लाल स्याही से मूल इबारत के साथ-साथ हाशिए पर पाद टिप्पणियाँ लगी हुईं; हाशिया सादा लकीरों वाला; शीर्षक, छन्दों के नाम तथा कुछ अंक लाल स्याही से लिखे हुए; पुस्तक सादी जिल्द वाली, जो हर प्रकार सम्पूर्ण तथा अच्छी हालत में है।
समय – रचनाकाल : संवत् 1839 वि.,
नकल – संवूत 1978 वि.
लिखारी – नारायण दास
स्थान – नंगल (?)
आरम्भ – ੧ੳ श्री गणेशाय नमः ॥ दोहरा ॥
देवी माता सारदा, सरद इंदु सम हास।
बन्दो पद पंकज सदा, करो सुमति परकास ॥ 1 ॥ (पृष्ठ 1)
अन्त – दो ॥ जा पद पंकज नीर लहि, बंधन दए निवार।
मान सिंह गुरु को नमो, तपो ज्ञान अवतार ॥ 52 ॥
दोहरा ॥ ग्रह अग्नि वसु चंद पुन, संबत आनंद धार।
दसमी कातक सुदि सुभ, सुराधीस गुरुवार ॥ 53 ॥
इति श्री मत अध्यात्म रामायणे उमा महेश्वर संबादे उत्तरकांडे बैकुंठ निरयाणो नाम नवमोध्याय।
दोहरा ॥ नंगल नगर गोबिन्द का, निरमल सुभ असथान।
नारियिण दास पोथी लिखी. पूरण भाई गुरुदुआर ॥ 1 ॥
संबत अठारा सै आठतरा थिति पूरियण मासी पूरण भाई रविवार[1]। रामु रामु रामु।
(पृष्ठ 532)

1. इस आखिरी दोहरे की तुकें परस्पर नहीं मिलती, जिस कारण पाठ अशुद्ध है। इसके बिना नारायण की जगह नारियिण; भई की जगह भाई, अठ्ठतरा की जगह आठतरा, पूरण मासी की जगह पूरियण मासी आदि अशुद्ध शब्द बताते हैं कि लिखारी को लगाँ-मत्राओं का रंचक भी ज्ञान नहीं था।

53. आध्यात्म रामायण

लेखक – रिखि बियास

अनुवादक – साधू गुलाब सिंह

आकार – 7¼" x 4¼"

लिखित – 5¼" x 3¼"

विवरण – पृष्ठ 545; प्रति पृष्ठ 9 पंक्तियाँ; काग़ज़ देसी; लिखित साफ़ शुद्ध, हाशिया रंगीन लकीरों वाला; शीर्षक, छन्दों के नाम लाल स्याही से लिखे हुए; पृष्ठ कई जगह फटे हुए, पर फिर भी पुस्तक सम्पूर्ण तथा अच्छी हालत में है।

समय – संवत् 1901 वि.

स्थान – नामालूम

आरम्भ – ੧ੴ सतिगुर प्रसादि। श्री गणेशाय नमः ॥
दोहरा ॥ देवी माता सारदा, सरद इंदु सम हास।... (पृष्ठ 1)

अन्त – ग्रह अग्नि वसु चंद पुनि, संबत आनंद धार।
दसमी कातिक सुदि सुभ, सुराधीस गुरु वार ॥ 53 ॥
इति श्री मत अध्यात्म रामायणे उमा महेश्वर संबादे उत्तर काँडे बैकुंठ निरयाणो
नाम नवमोध्याय ॥ 9 ॥ सम्पूरणं सुभं भवतु ॥ दोहरा ॥
दो सहंस कम एक सत, ऊपर साल सु एक।
यह संमत दिन भौम था, थित पूनम सुर टेक ॥ 1 ॥
श्री राम दसरथ भरत, लखत सत्रुघन गाथ।
सुरि अरि मारे जिने रण, नमो ताहि रघु नाथ ॥ 2 ॥
श्री वाहिगुर जी सहाइ, अकाल पुरख जी तेरी पनाह। भूल चूक सोथ पढनी संतो महो पुरखो जी, संता के दास दसखत करी है जी।

54. आध्यात्म रामायण

लेखक – रिखि बियास

अनुवादक – साधू गुलाब सिंह

आकार – 9" x 5¾"

लिखित – 6½" x 4¼"

विवरण – पृष्ठ 424; प्रति पृष्ठ 12 पंक्तियाँ; काग़ज़ देसी; लिखित साफ़ और शुद्ध; हाशिया सादा लकीरों वाला; पृष्ठ 291 तक छन्द अंक और शीर्षक पटगेरु से रंगे हुए और इससे आगे कई स्थानों पर अंक तथा शीर्षकों के लिए लालस्याही भी प्रयोग की है; पुस्तक सजिल्द, जो अच्छी हालत में है।

समय – संवत् 1839 वि.

नकल – संमत 1904 वि.

लिखारी – दल सिंह

आरम्भ – ੴ सतिगुर प्रसादि ॥ दोहरा ॥

देवी माता सारदा, सरद इंदु सम हास।

बन्दो पद पंकज सदा, करो सुमति प्रकास ॥ 1 ॥ (पृष्ठ 1)

अन्त – जा पद पंकज नीर लहि, बंधन दए निवार।

मान सिंह गुरु को नमो, तपो ज्ञान अवतार ॥ 52 ॥ दोहरा ॥ 1839 ॥

ग्रह अग्नि वसु चंद पुनि, संबतु आनंद धार।

दसमी कातक सुदि सुभ, सुराधीस गुरु वार ॥ 4 ॥

इति श्री मत अध्यात्म रामायणे उमा महेश्वर संबादे उत्तरकांडे बैकुंठ निरयाणा नाम नवमो ध्याय। सम्पूरणं सुभं भवतु ॥ 9 ॥ ध्याय ॥ 94 ॥ उत्तरकाँड ॥ 699 ॥ जोड़ ॥ 3293 ॥ (पृष्ठ 423)

इससे आगे पृष्ठ 324 के दूसरी तरफ लिखारी की ओर से इस पुस्तक का उतारा करने के बारे में यह शब्द हैं–"पोथी लिखी दल सिंह ने। संबतु उन्नी से चौथा। चेत्र सोमवार। सम्पूरण भई ॥"

55. अध्यात्म रामायण

लेखक – रिखि बियास

अनुवादक – साधू गुलाब सिंह

आकार – 8" x 5½"

लिखित – 5¼" x 3½"

विवरण – पृष्ठ 550; प्रति पृष्ठ 10 पंक्तियाँ; काग़ज़ सियालकोटी; लिखित साफ़ और शुद्ध; हाशिया रंगीन लकीरों वाला; शीर्षक व छन्दों के नाम लाल स्याही से लिखे हुए; कहीं-कहीं लिखाई की कुछ उकाइयाँ जो हाशिए पर बारीक कलम से सोधी हुईं और कठिन शब्दों के अर्थ हाशिए पर दर्ज किए हुए; पुस्तक सजिल्द, जो आदि से अन्त तक हर प्रकार मुकम्मल और अच्छी हालत में है।

समय – रचनाकाल : संवत् 1839 वि., नकल का समय लिखारी ने नहीं दिया।

लिखारी – नामालूम

आरम्भ – ੴ सतिगुर प्रसादि। श्री गणेशाय नमः ॥ दोहरा ॥

देवी माता सारदा, सरद इंदु सम हास।.... (पृष्ठ 1)

अन्त – दोहरा ॥ जा पद पंकज नीर लहि, बंधन दए निवार।

मान सिंह गुरु को नमो, तपो ज्ञान अवतार ॥ 52 ॥

दोहरा ॥ ग्रह अग्नि वसु चंद पुनि, संबत आनंद धार।

दसमी कातक सुदि सुभ, सुराधीस गुरु वार ॥ 53 ॥

इति श्री मत अध्यात्म रामायणे उमो महेश्वर संबादे उत्तरकांडे बैकुंठ निरयाणो नाम नवमो ध्याय ॥ 9 ॥

इति उत्तरकाँड सपतमो समापतं ॥ 7 ॥ सुभं भवेत ॥ श्री राम जयति। श्री राम,

श्री राम। (पृष्ठ 550)

इससे आगे इस पृष्ठ की दूसरी तरफ इस पुस्तक की कीमत 551 रुपये लिखी है।

56. अध्यात्म रामायण

लेखक – रिखि बियास

अनुवादक – साधू गुलाब सिंह

आकार – 12" x 6"

लिखित – 9" x 4½"

विवरण – पृष्ठ 284; प्रति पृष्ठ 10 पंक्तियाँ; काग़ज़ देसी; लिखित साफ़ और शुद्ध; पृष्ठ खुले; हाशिया सादा बिना लकीरों वाला; शीर्षक, छन्दों के नाम तथा अंक कई जगह लाल स्याही से लिखे हुए; आखिरी पृष्ठ गुम होने के कारण पुस्तक कुछ अधूरी है।

समय – 20वीं सदी बि.

लिखारी – नामालूम

आरम्भ – ੴ सतिगुर प्रसादि। श्री गणेशाय नमः ॥ दोहरा ॥

देवी माता सारदा, सरद इंदु सम हास।....

बन्दो पद पंकज सदा, करो सुमति प्रकास ॥ 1 ॥ (पृष्ठ 1)

अन्त – कील छेक में निज कर धरय।

नील कमल नैनी तैपि.....। (पृष्ठ 284)

आखिरी पृष्ठ फटा हुआ है तथा उत्तरकाँड के नौवें अध्याय के अगले पृष्ठ न होने के कारण बाकी पाठ नहीं मिलता।

57. अध्यात्म रामायण

लेखक – रिखि बियास

अनुवादक – साधू गुलाब सिंह

आकार – 6½" x 5½"

लिखित – 3½" x 4½"

विवरण – पृष्ठ 385; प्रति पृष्ठ 9 पंक्तियाँ; काग़ज़ देसी; लिखित साफ़ और शुद्ध; हाशिया सादा लकीरों वाला; स्याही काली; रामायण का यह उत्तरार्ध (पिछला भाग) है, जिसमें किश्किंधाकाँड, सुन्दरकाँड, युद्धकाँड तथा उत्तरकाँड शामिल हैं, बाकी पहला पूर्वार्द्ध भाग, जिसमें बालकाँड, अयुधियाकाँड तथा आरण्य (बन) काँड हैं, इस प्रति में नहीं है।

समय – फग्गण सुदी 13, संमत 1933 बि.

लिखारी – बज्र हरि (पहाड़ा सिंह?)

आरम्भ – श्री महादेव उवाच ॥ चौपई ॥ थो रघुबीर की संगति पाये। (पृष्ठ 1)

अन्त – ग्रह अग्नि वसु चंद पुनि संमत आनंद धार।
दसमी कातक सुदि सुभ, सुराधीस गुरु वार ॥ 53 ॥
इति श्री अध्यात्म रामायणे उमा महेश्वर संबादे उत्तरकांडे नवमो ध्याय समापतं मसतसुभमस्त। सम्पूरण।
संमत 1933, फागन सुदी 13, रविवार।

इसके बाद एक अतिरिक्त पृष्ठ पर 'हरे राम, हरे राम' तथा 'वाहेगुरु जी की फतेह' के दरमियान लिखा गया यह दोहरा है:–

दसरथ नंदन हरी हित, नारायण हरि हेत ॥
बज्र हरी लिख कै दई, पढुहु सोध कर नेत ॥

अर्थात्–दसरथ नंदन (पुत्र-राम) हरि (सिंह) ने नारायण हरि (सिंह) वास्ते यह पुस्तक पहाड़ा सिंह ने लिख के दी, ताकि वह इसको सोध के (विचार सहित) नित पढ़ें।

58. आदि रामायण

लेखक – सोढी मिहरबान

आकार – 5½" x 9"

लिखित – 4½" x 8½"

विवरण – पृष्ठ 95; प्रति पृष्ठ 20 पंक्तियाँ; काग़ज़ देसी; लिखित सीधी-सादी, पर साफ़ और शुद्ध; हाशिया सादा लकीरों वाला; आरम्भ में तथा बीच में कुछ पृष्ठ फटे तथा भुरे हुए; इसके बिना कुछ पृष्ठ इस पुस्तक के हाशिए में आकर कट भी गये हैं; पुस्तक सजिल्द मुकम्मल, पर खस्ता हालत में है।

समय – संमत 1835 बि.

लिखारी – कलियाण दास, सुखीजा

स्थान – शेरगढ़ (मुलतान)

आरम्भ – ੧ੴ सतिगुर प्रसादि। आदि रामाइण लिखते, कथा पहिली चली।....
राम नाम नित सिमरिए, जिस सउ तेरा कामु।
अमरा पुर बासा करै, गयी बहोड़ै राम ॥ 1 ॥
तिस का परमारथ ॥ तब श्री सतिगुर मिहरबान कहता है जो, "मेरे मन तूँ श्री राम नामु नित सिमरि जिस सउ तेरा अंति कामु है, अमरा पुर मरि बासा पाहवेगा।".... (पृष्ठ 1)

अन्त – लै सीमा प्रतंगिया, सब दीनी बंध छुडाइ ॥
त्रैह लोकी जै जै भई, राज कीआ अजुधिया आइ।
बिदा भैया सभ पैदलो, जन नानक सीस निवाइ ॥ 1 ॥
बोलहु भाई श्री राम क्रिशन वाहिगुरु सच्चा ॥ 19 ॥
भुलिया चुकिया बखश लैणा। अखर वाधे घाटे सोध पढना। वाहगुरु जी। रामाइन

सम्पूरन लिखी भाई कलियान दास सुखीजे, वासी शेरगढ दी। सेर गढ विच लिखी, संमत 1835 मिती भादरों दिन पंधरवी वीरवार, सम्पूरन होई सुकला पख विच।

इससे आगे इस पुस्तक में श्री दशम ग्रन्थ की कुछ रचना रामावतार आदि में से दर्ज की गयी है।

59. सार रामायण (नामुकंमल)

लेखक – कवि रामदास

आकार – 6½" x 9½"

लिखित – 4¾" x 7¾"

विवरण – पृष्ठ 600; प्रति पृष्ठ 18 पंक्तियाँ; काग़ज़ कश्मीरी; लिखत साफ़ और शुद्ध; हाशिया सुन्दर रंगीन लकीरों वाला; शीर्षक, छन्दों के नाम तथा अंक लाल स्याही से लिखे हुए; आखिरी पृष्ठ कुछ किरम खुरदा, जिस कारण सफों पर छेद पड़े हुए; आखिरी पृष्ठ 600 से आगे गुम है, जिस कारण पुस्तक अधूरी है।

समय – 19वीं सदी बि.

लिखारी – नामालूम

आरम्भ – ੴ सतिगुर प्रसादि। ओम स्वस्ति श्री गणेशाय नमः। अथ सार रामायण लिखयते ॥ दो ॥
श्री लम्बोदर सुख करण, कोट भान संकास।
सभ कारय के बिघन कौ हरण बान सुख रास ॥ 1 ॥ (पृष्ठ 1)

अन्त – मन दुरलभ हरि भकत सुलभ, कर लहि नर नारी।
उमा रघुतम कथा बिखमता गत सुखकारी।
सुद्र भील चंडाल अंगना आदि सु जोई।
ए जुदा...हे न स्रत अधिका...(1012॥) (पृष्ठ 600)

इससे आगे पृष्ठ गुम होने के कारण अन्तिम पाठ नहीं मिलता। लेखक का नाम इस पुस्तक में काँड क्रम अनुसार इस प्रकार मिलता है–

1. सब पापन के हरण कौ, गंग उदक सम जान।
   राम दास उर धार यह, करत भयो इसनान ॥ 1209 ॥ (बालकाँड)
2. सारद सेस महेस बिधिम कहि न सकहि गुण जास।
   सो किह बिधि गुण भरत कै, कहे राम को दास ॥ 1386॥ (आयोध्याकाँड)
3. जिह प्रभ की ऐसी कथा, भकत सुने धर कान।
   अपन नाम के दासि को, देहु दया का दान ॥ 678 ॥ (आरण्यकाँड)
4. जिह प्रभ रीछ लंगूर से, मंत्री किय सुभ कार।
   राम दास जिह जचण पर, बार बार बलिहार ॥ 240 ॥ (सुन्दरकाँड)
5. जो प्रभ इम सुख देत है, दास आपनो जान।
   राम दास सभ आस तज, भयो सु तिह भगवान ॥ 1831 ॥ (लंकाकाँड)

60. सुखदाइक रामायण

लेखक – साधू श्री निवास, उदासी

आकार – 11¾" x 8½"

लिखित – 9" x 7½"

विवरण – पृष्ठ 190; प्रति पृष्ठ 18 पंक्तियाँ; काग़ज़ कश्मीरी; लिखित साफ़ और शुद्ध; हाशिया पृष्ठ 70 तक रंगीन लकीरों वाला और बाकी बिना लकीरों के सादा; पुस्तक सजिल्द मुकम्मल, जो आदि से अन्त तक हर प्रकार पूर्ण तथा अच्छी हालत में है।

समय – संमत 1974 बि.।

लिखारी – नामालूम

आरम्भ – ੴ सतिगुर प्रसादि
श्री लखमन रिपु सूदन, भरत पिया रघुबीर।
तह जस दीजै गज बदन, हरन मलन जन भीर ॥ 1 ॥ (पृष्ठ 1)

अन्त – सीस निवाइ कही सभ पै, सुन संत समूह बडो सुख पाई।
मैं अति दीन सुधार लहै तुम, अछर जै कह चूकहु बनाई।
संतन माह बडो समता गुण, चै प्रगटी अपनहि लघुताई।
श्री निवास सदा सुच तन के, पग की परनी पग की सद छाई।
सोरठा ॥ इह बिधि श्री रघुनाथ, कथा रामाइण सुख सदन।
सुनै सुम न हरखात, भरे पाप जनमारदन ॥...
संमत बिस्वे मनू जनाए। एक अंक पुन नउ हू लाए।
असन मास पुरनमा गयी। संतन ते जो आइसु लई।
तह सहाय पूरो कर दयी। तिन कोप ढै सुनै चित लायी।
जीवत सुख संपत जन पायी।
पाछै कर है प्रभु पुर बासा। जनम मृत नह तन हू नासा।...
पालनहार रामाइन ऐसी। गज प्रहिलाद उधारी जैसी ॥
समसत सुभ सुभ।.... (पृष्ठ 190)

यह रामायण एक बार गुरुमुखी अक्षरों में छप चुकी है तथा इसकी एक छपी हुई प्रति भाषा विभाग पंजाब, पटियाला के पुस्तकालय में सुरक्षित है।

61. पौरखेय रामायण (देवनागरी अक्षर)

लेखक – कवि नरहरिदास, बारहट

आकार – 9" x 9¾"

लिखित – 6" x 7¼"।

विवरण – पृष्ठ 313; प्रति पृष्ठ 20 पंक्तियाँ; काग़ज़ देसी बढिया; लिखित निहायत सुन्दर साफ़ और शुद्ध; शीर्षक, छन्दों के नाम तथा विश्राम चिह्न लाल स्याही से लिखे हुए;

हाशिया लाल लकीरों वाला और हाशिया की 1॥-1॥ इंच जमीन पीले रंग से रंगी हुई; पुस्तक सजिल्द, जो हर प्रकार मुकम्मल तथा अच्छी हालत में है।

समय – 18वीं सदी बि.

लिखारी – नामालूम

आरम्भ – ओम श्री गणेशाय नमः। श्री रामाय नमः। श्री सारदाय नमः। अथ गाथा। आरंभे अग्रेसं बदनं सिंदूर अरुण विथीरीयं। बाहन आसु बिचित्र बर दाता बुधि लम्बोदर ॥1॥ स्वेत गिरि वास सकला स्वेतं बसनाय बिमल ससि बदनी। हंस रथ बीण हसता सद विद्या दानि सरस्वती ॥ 2 ॥ (पृष्ठ 1)

अन्त – दोहा ॥ दस सहस्र अरु बरस दस, रह मनुज तन राम।
तीन लोक उच्छव अखिल, सुर मुनि लहि विस्राम ॥ 336 ॥

इति श्री चतुरविंशति अवतारो चरित्र पौरुषेय भाषा श्रौ रामायणे महा मुक्ति मारगे बारहट नरहरि दासेन विरचिते उत्तरकाँड सम्पूरणं समापत। (पृष्ठ 313)

62. प्रेम पचीसी

लेखक – कवि साहिब दास

आकार – 7" x 5"

लिखित – 4¾" x 3¾"।

विवरण – पृष्ठ 13; प्रति पृष्ठ 7 पंक्तियाँ; काग़ज़ देसी; लिखित साफ़ और शुद्ध; हाशिया सादा बिना लकीरों के; पुस्तक बगैर जिल्द, जो अच्छी हालत में है।

समय – लगभग सवा सौ साल पुरानी प्रति है।

लिखारी – नामालूम

आरम्भ – ੴ सतिगुर प्रसादि। अथ प्रेम पचीसी लिखयते ॥ दोहरा ॥
प्रथम सिमर रघुबीर पद, पुन यदुबीर मनाइ।
ये दोनो यक रूप की, कथा कहो प्रगटाइ ॥ 1 ॥
निज-निज ग्यान उपासना, कर हैं बाद संबाद।
राम क्रिसन को भेद कहि, ते नहीं पावहि सवाद ॥ 2 ॥
काहू ने मानी सीता, काहू मिसरी नाम।
बसतु एक पाई उभै, तैसौ गोबिन्द राम ॥ 3 ॥
अपने अपने समय ले, भये उभय अवतार।
सत्य किए बिध के बचन, हरयो धरनि को भार ॥ 4 ॥
दोनो एक स्वरूप है, कियो निंद बड दोख।
प्रेम सहित रस बरनीए, बिना प्रेम नहीं मोख ॥ 5 ॥... (पृष्ठ 1)

अन्त – सुने सुनावे प्रीत कर, जो इह चरित उदार।
सुफल होहि मन कामना, मन कै मिटै बिकार।
रघुबर यदु दोउ प्रभु, यद्यपि एक स्वरूप।

तद्यपि साहिब दास को, अवध पुरी को भूप ॥
इति प्रेम पचीसी सम्पूरणं। जै श्री राम। (पृष्ठ 13)

इस पुस्तक में श्री राम चंद्र तथा श्री कृष्ण जी को एक रूप दरसा कर अंत में श्री राम की विशेषता बताई है। कवि साहिब दास उदासी साधू था। इसकी रची एक दो और पुस्तकें भी मेरे देखने में आयी हैं।

63. बिनै पत्रिका

लेखक – कवि गोपाल सिंह

आकार – 5¼" x 4"

लिखित – 3½" x 2¼"

विवरण – पृष्ठ 15-43 (29); प्रति पृष्ठ 6 पंक्तियाँ; काग़ज़ कश्मीरी; लिखित साफ़ और शुद्ध; हाशिया रंगीन लकीरों वाला (अति सुन्दर); शीर्षक, छन्दों के नाम तथा अंक लाल स्याही से लिखे हुए; पुस्तक सजिल्द, जो अच्छी हालत में है।

समय – पुस्तक लगभग सवा सौ साल पुरानी है।

लिखारी – नामालूम

आरम्भ – (आरम्भ में 14 पृष्ठ कवि जै देव कृत आरती तथा चंडी चरित्र, दशम ग्रन्थ को छोड़कर) ੴ सतिगुर प्रसादि।
अथ बिनै पत्रिका कृत कवि गुपाल सिंह लिखयते ॥ दोहरा ॥
श्री श्री श्री राम सुन, सरबुपमा के ऐन।
तव चरनन चित चैन में, विचरन देत न मैन ॥ 1 ॥
सवैया ॥ दास कहावत देवन को, कोऊ दास कहावत जोग तथी को।
दास कहावत बेदन को कऊ, दास कहावत बेद कथी को।
दास कहावत सारस्वती कोऊ, दास कहावत सीस हथी[1] को।
सिंह गोपाल तूं कौन को दास? हौं दास कहावत दासरथी[2] को ॥ 2 ॥ (पृष्ठ 14)

अन्त – मुक्ति देत सिव भगत जिह, अंन पूरना आस।
बिनै पत्रिका लिख पठी, रामचंद्र प्रभु पास ॥ 47 ॥
दोहरा ॥ दीन दियाल कृपाल प्रभु, समझ दीन मन त्रास।
साढ बारवी बिनै मम, बाच बचाइयो दास ॥ 48 ॥
इति श्री बिनै पत्रिका सम्पूरनं ॥ 1 ॥

इससे आगे इस पुस्तक के अन्त में एक पृष्ठ तुलसीदास कृत आरती तथा एक पृष्ठ सीरहफी साईं दास जी का शामिल है।

1. हाथी के सिर वाला : गणेश जी।
2. दशरथ के पुत्र श्री रामचंद्र जी।

64. महा रामायण (योग वासिष्ट)

लेखक – कवि सोहन सिंह बेदी

आकार – 5" x 6½"

लिखित – 3¾" x 5"

विवरण – पृष्ठ 72; प्रति पृष्ठ 22 पंक्तियाँ; काग़ज़ देसी किरम खुरदा; लिखित साफ़, पर सीधी-सादी; हाशिया सादा लकीरों वाला; कई जगह हाशिए पर उकाइयों की सुधाई की हुई।

समय – संमत 1915 बि.

लिखारी – नामालूम

आरम्भ – ੧ੳ सतिगुर प्रसादि। अथ महा रामायण मोछोपाय संहितायां वैराग प्रकरण भाखा लिखयते ॥ दोः ॥

श्री गुरु चरन रिंदै धरन, रवि वत तम दुख हार।
बोध करन जड़ता हरन, नमो नमो सुखकार ॥1॥
अचल अमल अद्वै अक्रिय, सुध सत सानंदय।
अनुभव गमय जगातमा, वह नित प्रति मम बन्दय ॥2॥
गनपति विघन गन हरन, औ बानी बध दातार।
धयान जुगल पद धर चहो, हरो विघन भय भार ॥3॥
गीरवान मैं अति कठिन, महां रामायण ग्रन्थ।
तिह भाखा कीनी परम सुखदायक भो पंथ ॥4॥
हुतो वारतक मै प्रथम, पै इह समझ प्रसंग।
बिना छन्द कविता यथा बसन बिना तिय अंग ॥5॥
मूरख कविता वारता, देत परम बिगयान।
तात सोहन स्वमत वत, यंदन करत बनाइ ॥6॥
परम कठिन वेदाँत, जानत मुनिवर ताह नह।
वह अछर की पाँत, लयावन मूरखता छमो ॥7॥ (पृष्ठ 1)

अन्त – सतिगुर नानक देहरा, ऐरावति सर[1] तीर।
कहि निवास तह जब बनै, बेदी सदन गहीर ॥11॥
सिंह अजाइब को सुवन, बेदी सोहन जान।
जग प्रकरन बर छन्द युत, कीने बिमल बखान ॥12॥
सुधीमान जुग नाम धृत, सागर वत कविराज।
तिन ते कविता बूंद इक सोहन लही सु साज ॥13॥
भूत यूत तन मन नृपति, सुधा कुंड तिह माह।
पियत होत थिर आतमा, संमत सजन सुहाह ॥14॥...

1. रावी नदी

मिथन पास रुअ सित अयन, तिथि पंचम कवि वार।
आदि वारतक कर लियो, छन्दन महि अवतार ॥15॥
जय जय स्रति सिमृत सरब, जय जय गयाता लोग।
जै जै पूरन आतमा, सत चित नित निह सोग ॥16॥
इत श्री महा रामायणे, बाल काँड गुन सार।
राम बसिसट संबाद सुभ, मोछ संघता चार ॥17॥
तिह प्रकरण ममोछ इह, कवि सोहन कृत जान।
भयो सम्पूरन नाम इह, सरब सपूरन मान ॥18॥

कवि लेखक पाठकानां सुभमस्तु। संमत 1915 हाड़ वदी 4 शुक्रवार, लुखक सोहन सिंह बेदी, पोथी लिखी चम्पावत देस चोराहा तर वरती परगनै सीवल कुठेड़ा गाँऊ मे। सुभ श्री गुरु जी राम क्रिसन गोबिन्द हरे, नारायण परमानंद, जै जै देव हरे हरे हर हर हरी हरी। (पृष्ठ 72)

65. (अ) योग वासिशट महा रामायण (खिल प्रकरण तथा एक रंगीन चित्र)

लेखक – रिखी बालमीक।

अनुवादक – स्वामी राम प्रसाद निरंजनी

आकार – 12½" x 9¼"

लिखित – 9¼" x 7"

विवरण – पृष्ठ योग वासिशट 643, खिल प्रकरण 643-667 (25); प्रति पृष्ठ 23 पंक्तियाँ; काग़ज़ कश्मीरी; लिखित साफ़ और शुद्ध; हाशिया दौहरा चौकोर रंगीन लकीरों वाला (अति सुन्दर); शीर्षक लाल स्याही से लिखे हुए; शुरू का पृष्ठ दो रंगीन सुनहरे बेल-बूटों से सुसज्जित तथा अन्तिम पृष्ठ भी रंगीन लकीरों तथा बेल-बूटों से सुसज्जित; आरम्भिक एक पृष्ठ गुम जिस कारण पुस्तक अधूरी है, पर फिर भी बाकी सारी पुस्तक हर प्रकार से पूर्ण तथा अच्छी हालत में है; पुस्तक सजिल्द।

समय – पुस्तक लगभग डेढ़ सौ साल पुरानी प्रतीत होती है।

लिखारी – नामालूम।

आरम्भ – (पहला पृष्ठ गुम)...कहो। अगसतोवाच। हे ब्राहमण! केवल करम मोछ का कारण नहीं, अर केवल गियान ते भी मोछ नहीं प्राप्ति होती। दोनो करि मोछ की प्राप्ति होती है। करमो करि अंतहकरण सुध होता है, मोछ नहीं होती, अरु अंतहकरण सुध बिना केवल गियान ते भी मुकति नहीं होती। अरथ इह जो सासत्रों का तातपरज गियान निसटा अंतहकरण सुध होए बिना इसथित नहीं होती, ताँ ते दोनो करि मोछ की प्राप्ति होती है। करमो करि प्रथम अंतहकरण सुध होता है, बहुड़ गियान उपजता है तब मोछ सिध होती है। (पृष्ठ 2)

अन्त – चतुसटए प्रकरण बिखे पँचास पखियान वरननं भये ॥50॥ इति श्री आरखो परचिते श्री रामाइणे देव दूत उकते सत सहंस संहतडिया बाल काँडे मोछ उपाइखु निरबाण प्रकरणे समापतं ॥ दोहा ॥

साही कानी ब्रहम है, कागत लेखण हार।
बकता सोता आदि ले, सरब ब्रहम निराधार ॥1॥
महा रामाइण ब्रित बसिसट सम्पूरन हुआ। समापतं। (पृष्ठ 643)

(आ) खिल प्रकरण (रिखी बालमीक)

आरम्भ – ੧ੳ श्री गणेसाय नमह। अथ खिल प्रकरण लिखयते। बालमीकोवाच। हे भारदुआज! महा रामाइण लख सलोक है। तिस बिखे इह बालकाँड मोख उपाइ बत्री सहंत्र सलोक वसिसट जी उपदेसु कीया है, सो तुझ कउ स्रवण कराइया है। निरबाण सो उपदेस कीआ हहि। सो तुझ कऊ सबस क्रम करि कहिया है। तिस ते उपराँत खिल प्रकरण निरबाण की दृढता के नमिति कहा है, सो कैशा है खिल प्रकरण सो आगे कहे हैं अरु जो नहीं कहे तिन को समूचै करि कहिते हैं, इसी ते इसका नामु खिल प्रकरण कहा है। (पृष्ठ 643)

अन्त – अरु जो कुछ आपणा प्रकृति आचार है तिस को करु। मैं जाणता हो जो तू परम बोध को प्रापत भया है।

इति श्री नाना प्रसनो मोख उपाए सरवथा वरननं समापतं नामु सरगह। इस सर्ग बिखे कथा के सार कहे है, ताँ ते इसका नाम संखु है। सम्पूरनं। (पृष्ठ 667)

इससे आगे इस पुस्तक के अन्त में एक रंगीन कलमी तसवीर दी हुई है जो श्री रामचंद्र तथा रिखी वसिशट जी के संवाद का दृश्य पेश करती है। इस महा रामाइण में क्रम-अनुसार यह प्रकरण आये हैं–

1. वैराग प्रकरण–पृष्ठ 2-33
2. ममोछ प्रकरण–पृष्ठ 33-55
3. उत्पत्ति प्रकरण–पृष्ठ 55-148
4. इस्थिति प्रकरण–पृष्ठ 148-208
5. उपशम प्रकरण–पृष्ठ 208-312
6. निरबाण प्रकरण–पृष्ठ 312-643
7. खिल प्रकरण–पृष्ठ 643-667

तथा अन्तिम खिल प्रकरण किसी और योग वासिशट की हस्तलिखित प्रति में नहीं मिलता जिस कारण यह प्रति सँभालने योग्य है।

66. योग वासिशट (पूरवारध)

लेखक – रिखी बालमीक

अनुवादक – स्वामी राम प्रसाद निरंजनी

आकार – 13¼" x 13"

लिखित – 9½" x 9"

विवरण – पृष्ठ 690; प्रति पृष्ठ 19 पंक्तियाँ; काग़ज़ देसी; लिखित साफ़, पर बेपरवाही से लिखी होने के कारण कई जगह अशुद्ध; जिस कारण भूलें हाशिए पर सुधारी

हुईं; हाशिया सादा लकीरों वाला; आरम्भिक पृष्ठ पर तीन तरफ़ तिहरे सिफर लगाकर सादा दोहरा हाशिया छोड़ा हुआ; लिखत की कलम मोटी; जिल्द टूटी हुई; वैसे पुस्तक हर प्रकार से मुकम्मल तथा अच्छी हालत में है।

समय – संमत 1933 बि.

लिखारी – चंद सिंह

स्थान – पटियाला (पंजाब)

आरम्भ – ੧ੳ सतिगुर प्रसादि। श्री स्वसति गणेसाइ नमः। अथ वैराग प्रकरण सिंमृत भाखा लिखयते। सत आनंद रूप जो आतमा है तिस को नमसकार है कैसा है सत चित आनंद रूप आतमा, सो कहते हैं। जिस ते इहु सरब भासते हैं अर जिस विखे इह सरब इसथित है अर जिस विखे इहु सरब लीन होते हैं तिस सतय आतमा को नमसकार है। (पृष्ठ 1)

अन्त – विचार करि कै जिन आतमा तत्व पाइया है। जैसे इसथित होवै तैसे होवे। तुम भी इसी दृसिट कऊ पाइ करि बहुड़ जनम के बंधन मो न आवेंगे। इति श्री देवदूत उकते महा रामायणे सत सहंस्र संहितायां बालकांडे मोखेपाएखू उपसम प्रकरणे समापत नाम एक ऊन नवमो सरगह ॥89॥ पंचम प्रकरण पूरनं ॥ (लिखारी की तरफ से) दोहरा ॥

गुणै राम औ खंड लिख, पुहमी साल विचार।
भाद्रवसु सुद इकम सुभग, रवि वारस निरधार ॥1॥
ता दिन ग्रन्थ समापती, कीनो चंद मृगेस।
कृपा रूप गण संत पद, वारंवार अदेस ॥2॥
लिखवायो है प्रेम कर, सुभग आतमा राम।
पठन विचारण के विखे, जिन की बुद्धि अभिराम ॥3॥
साल 1933 भादव सुदी 1 (पृष्ठ 688)

इससे आगे पृष्ठ 688 से 690 तक मुंदावाणी महला 5 तथा राग माला दर्ज है। योग वासिशट के इस पूरवारध भाग में इसके अन्तिम कथन अनुसार पाँच प्रकरण हैं, जैसे–

1. वैराग प्रकरण–पृष्ठ 1-62
2. ममोख प्रकरण–पृष्ठ 62-106
3. उत्पत्ति प्रकरण–पृष्ठ 106-338
4. इस्थिति प्रकरण–पृष्ठ 338-466
5. उपशम प्रकरण–पृष्ठ 467-688

यह पुस्तक श्री आतमा राम उदासी के लिखे लिखी गयी थी।

67. योग वासिशट महा रामायण (उत्पत्ति प्रकरण)

लेखक – रिखी बालमीक

अनुवादक – स्वामी राम प्रसाद निरंजनी

आकार – 11¾" x 10"

लिखित – 8¼" x 6¾"

विवरण – पृष्ठ 190; प्रति पृष्ठ 21 पंक्तियाँ; काग़ज़ देसी; लिखित साफ़ और शुद्ध; हाशिया सादा बिना लकीरों के; शीर्षक तथा कुछ विश्राम चिह्न लाल स्याही से लिखे हुए; पुस्तक पर जगह-जगह हाशिए पर पेंसिल से उर्दू में कुछ नोट दिये हुए; पुस्तक बगैर जिल्द, जो अच्छी हालत में है।

समय – पुस्तक लगभग एक सौ साल पुरानी प्रतीत होती है।

लिखारी – नामालूम

आरम्भ – ओम श्री परमातमाय नमः। अथ उत्पत्ति प्रकरण लिखयते। वसिसटोवाच। हे राम जी! ब्रहम अरु ब्रहम वेता इह सब सबद ब्रहम सत्ता के आसरै पढे फिरते हैं। (पृष्ठ 1)

अन्त – जैसे समुद्र ते तरंग उपजकर समुद्र विखै लीन हो जाता है, तैसे आतमा ते जगत तपजकर आतमा विखै लीन हो जाता है। इति श्री महा रामायणे मोख उपाय उत्पत्ति प्रकरणे परमारथ निपूरणं नाम सरगः 97 उत्पत्ति सम्पूरणं समापतं।... (पृष्ठ 160)

68. रघुवर पद रतनावली

लेखक – कवि रतन हरि

आकार – 6½" x 4"

लिखित – 4¼" x 2¾"

विवरण – पृष्ठ 84; रघुवर लीला पृष्ठ 84-89, कृष्ण कवितावली पृष्ठ 89-141, फुटकर कवितावली पृष्ठ 142-55; प्रति पृष्ठ 7 पंक्तियाँ; काग़ज़ देसी; लिखित साफ़ और शुद्ध; हाशिया रंगीन लकीरो वाला; शीर्षक चिह्न लाल स्याही से लिखे हुए; पुस्तक सजिल्द, जो अच्छी हालत में है।

समय – संमत 1900 बि. के आसपास

लिखारी – नामालूम

आरम्भ – श्री रामानुजाय नमः ॥ दोहरा ॥ रघुबर पद रतनावली, बरनो बिमल बनाइ।... (पृष्ठ 1)

अन्त – रीझि चुके रिझै चुके, खीझि चुके खिझै चुके, सीझि चुके, सिझै चुक होने हो सो हवै चुके ॥25॥ तमाम सूद (पृष्ठ 155)

69. (अ) रघुवर पद रतनावली (रघुवर लीला तथा बिनै बारही समेत)

लेखक – कवि रतन हरि

आकार – 7" x 4½"

लिखित – 5¼" x 3"

विवरण – पृष्ठ श्री रघुवर पद रतनावली 56, रघुवर लीला 57-60 (4) तथा बिनै बारही 60-64 (5); प्रति पृष्ठ 7 पंक्तियाँ; काग़ज़ देसी; लिखित साफ़ और शुद्ध; हाशिया रंगीन लकीरों वाला; शीर्षक, छन्दों के नाम तथा अंक लाल स्याही से लिखे हुए; पुस्तक सजिल्द, जो अच्छी हालत में है।

समय – 19वीं सदी बि.

लिखारी – नामालूम

आरम्भ – ੧ੴ श्री सतिगुर प्रसादि। श्री गणेशाय नमः।
रघुवर पर रतनावली, बरनो बिमल बनाइ।
गुर आचारज अवध पति, बंदि बचन म (न) काइ ॥1॥
राग बिलाव (ल)। जै रघुबर जै जनक सुतापति, दसरथ राज दुलारे।
मंगल करन हरन सभ दूखन, भूखन भुवन उजयारे।...
जै रावन खंडन अरि दंडन, मंडन अवध अगारे।
जै रघुनाथ अनाथ नाथ प्रभु, रतन हरि बलिहारे ॥5॥1॥ (पृष्ठ 1-2)

अन्त – या बिधि घर-घर नगर नर, गावत गुन रघुराइ।
तिन कर करि अनुकरन हरि रतन दियो दरसाइ ॥1॥
रघुबर पद रतनावली, रघुबर पद रति देन।
रघुबर पद पूरन करी, प्रद रघुबर पद ऐन ॥2॥
इति श्री रघुबर पद रतनावली उत्तरकाँड समापतं ॥1॥ (पृष्ठ 56)

(आ) रघुवर लीला (कवि रतन हरी)

आरम्भ – अथ रघुवर लीला लिखयते।
कली काल में राम लाल की लीला सुखदायी।
और करम नहि कोऊ कोटिक चतुराई॥
भकत हेत हरि ने यह लीला करी जु मन भाई।
करम रेख जीवन में नहि, रघुवर में बनि आई ॥1॥ (पृष्ठ 57)

अन्त – भकत हेत हरि ने यह लीला करी जु मन भाई।
करम रेख जीवन में नहि, रघुवर में बनिआई।
दास रतन हरि गायी रघुवर लीला मन भाई।
राम कृपा पावै सो जन जिन पढी सुनी गाई।
सभी मिल राम भजो भाई, सभी मिल राम भजो भाई।
इति रघुवर लीला। (पृष्ठ 60)

(इ) बिनय बारही (कवि रतन हरी)

आरम्भ – ੧ੴ सतिगुर प्रसादि। अथ बिनय बारही रतन हरि कृत। पद राग धनासरी।

रे मन! समै समझ अब अपनो।
काम करोध मद मोहत जन, दिन रजनि रमा जप जपनो।
अंग-अंग गति तंग होत औ रंग भंग तन कपनो।
बैस बीत गयी अैस अैस मे, ऐहे पाछे तपनो।
ता ते तज अब आस-पास, औ आस-पास लख सपनो।
अवध रतन हरि[1] सरन रतन गहु, हवै है थिर थल थपनो ॥1॥ (पृष्ठ 60)

अन्त – पद राग परज कालंगरा ॥
बारहि बार बिनै हऊं कीनी।
मेरी करी न कौंन करी की, एक बार सुनि लीनी
द्रुपद सुता की एक बेर पुनि, सुनि दै बसन बढाई।
मेरी बेर बेर की टेरि सुनत जु अबेर लगाई।
नाम आपको अधिक आप ते, सुनि सो हम गहि लीनो।
सो बरबस बसि करि हितु मैं, रघु रतन हरे हम चीनो ॥12॥
इति श्री बिनै बारही समापतं ॥1॥ (पृष्ठ 64)

इससे आगे 32 पृष्ठ सूरदास जी के सूर सागर के दर्ज हैं, जो अधूरी रचना होने के कारण यहाँ जिक्र करने योग्य नहीं।

70. (अ) रामकथा (कृष्णकथा आदि समेत)

लेखक – कवि बग्गा सिंह

आकार – 7" x 5¼"

लिखित – 4¾" x 3¾"

विवरण – पृष्ठ रामकथा 64, कृष्णकथा (ओम हरी) 65-197 (132), ज्ञान गुटका (ओम हरि) 107-28 (22), सीरहफी शीरीं फरहाद की (मेहर सिंह) 128-39 (12), गुर प्रणाली 7, सवैये पात-शाहीयाँ दसाँ के 7-12 (6), अमृतसर उपमा 12-19 (8), श्री गुर सिख नाम 19-21 (3), पोथी घोड़ियाँ की 4; कुल जोड़ 164; प्रति पृष्ठ पहली रचनाओं की 9-11 पंक्तियाँ; काग़ज़ देसी; लिखित साफ़ और शुद्ध; हाशिया सादा तथा रंगीन लकीरों वाला; पहली रचना पहला पृष्ठ गुम होने के कारण नामुकम्मल तथा बाकी 9 रचनाएँ पूरी, कई जगह शीर्षक, छन्दों के नाम तथा अंक लाल स्याही से लिखे हुए; पुस्तक सजिल्द, जो अच्छी हालत में है।

समय – संमत 1897 बि.

लिखारी – सुन्दर सिंह

आरम्भ – सुख सागर निरंकारा
कहु रे कैसे आन अजुधया राम रूप उन धारा।... (पृष्ठ 2)

1. कवि रतन हरि, जिसका असली नाम रतन सिंह था; साधू अमीर दास (अमीर सिंह) कपूर अमृतसरिए का सगा भाई था। साधू अमीर दास जी उमर में बड़े थे तथा रतन हरी उनसे छोटा था। दोनों ही उदासी महात्मा बड़े विद्वान, ग्रन्थकार तथा महाराजा रणजीत सिंह जी शेरे-पंजाब के समकालीन थे।

अन्त – सहिर नगीना लाडवा, जहाँ नगीना भूप।
ता के घर दो पुत्र है; वही नगीना रूप
वही नगीना रूप, बडे ने लाइया बाग नगीना।
सभी नगीने मेवे लाए, लाई वाइ नगीना।
टिक्का जी निहाल सिंह, सभ राजियों बीच नगीना।
राम सांग उसने बनवाया सभ सांगों के बीच नगीना।
अजी वही रामकथा है। कहीं मैं अैन जथा है।
उरली परली नहीं रामाइण बेद मथा है ॥ 144 ॥
...कविता कहै सुपैद केहरी रामराम हो जावै ॥...145
ठारां सै सतानवाहि संमत पहिचानो।
पूरन फागन सुदी ग्रिंथ पूरन यहि जानो।...इति रामकथा सम्पूरनँमसत सुभमसत।
(पृष्ठ 64)

(आ) कृष्णकथा (कृत कवि ओम हरी)

आरम्भ – ੧ੴ सतिगुर प्रसादि। अथ कृष्णकथा ओम हरी कृत लिखयते॥
चबोला छन्द ॥ कृष्ण कंवर नंद महर के, कंवल नैन मुख चंद।...(पृष्ठ 65)

अन्त – गीता और पुरान भागवत, ऐसी भाँति बतावै।
इस क्रिसन सांग का फल देता है, जो कोई सुनै सुनावै।
अजी यहि क्रिसन कथा है। अैन की अैन जथा है।
उरली परली नहीं भागवत बेद मथा है ॥ 92 ॥
इति श्री क्रिसन कथा ओम हरी कृत सम्पूरणं। भूल-चूक सोध पढना। बोल श्री वाहिगुरु जी की फते। (पृष्ठ 107)

(इ) ज्ञान गुटका (कृत कवि ओम हरी)

आरम्भ – ੧ੴ श्री वाहिगुरु जी की फतेह है। अथ ज्ञान गुटका ग्रिंथ ओम हरी कृत लिखयते ॥
चबोला छन्द ॥ अजर अमर अबगत अचल अनहद रूप अनंत।... (पृष्ठ 107)

अन्त – पुंन पुंज तेरे वडे, तै पाइयो इह देस।
जोगन तुझको धंन है, सुफल हूआ उपदेस।
सुफल हूआ उपदेस, बेस तै सतिगुर पाइया।
बीस सिंह गुरुदेव, सकल संतन मन भाइया।
ता का सेवक नाम, सिंह उज्जल कवि राइया।
गुटका ज्ञान सु नाम गयान मै ग्रिंथ बनाइया।
अलख बिन अवर न कोई। करणि कारणि है है सोई।
जो सिमरे राम नाम पार उतरेगा सोई ॥
इति श्री ओम हरी कृत ज्ञान गुटका समापतं ॥ 51 ॥

रामकथा, कृष्णकथा, ज्ञान गुटका—ये तीनों ग्रन्थ निहाल सिंह सोढी ने लिखवाये, लिखे सुन्दर सिंह ने। मसत सुभमसतु। (पृष्ठ 128)

(ई) सिहरफी शीरीं फरहाद की (मेहर सिंह)

आरम्भ – ੴ सतिगुर प्रसादि।
अलक आँवदा अंत न आसकाँ दा, जग विच लोकाँ अजमाइया ई।
कारन हीर सियाल रंझेटड़े दे, पकड़ जोगी दा रूप बनाइया ई।
थलाँ विचि रही सस्सी तरसदी जी, पुनूं इसक तमाचड़ा लाइया ई।
मेहीवालि सोहणी दरिआइ डोबी, जदों सौंकणी कुभ वटाइया ई ॥ 1 ॥
(पृष्ठ 128-29)

अन्त – ये यार दा नाम पुकार होइया, महिला हेठि रुड़िया होइया आँवदा ई।
सीरीं देखिया जदों फरियादि आसक, दिलो सबर दा साहा सुधाँवदा ई।
मारी छाल संभाल ना हाथ बीता, तन सिकदे रब मिलाँवदा ई।
मिहर सिंह बहिसत नूँ गये आसक, अजां तीक उनां लोक गाँवदा ई ॥ 30 ॥
सीहरफी सीरीं फरहाद की सम्पूरन मसत सुभमसुत। (पृष्ठ 129)

(उ) गुर प्रनाली

आरम्भ – ੴ सतिगुर प्रसादि। अथ गुर प्रनाली लिखयते ॥ दोहरा ॥
बेदी कुल कालू पिता, माता तिपरो तास।
गुर नानक घुंमी पते, सुत श्री लखमी दास ॥ 1 ॥ (पृष्ठ 1)

अन्त – सतारा सै संमतु जब भये। पैंहठ बरख ऊपर फुन गए।
कातक सुदी पंचम थित धारे। गुर गुबिन्द सिंह सणि देहि सिधारे ॥ 37 ॥
दोहरा ॥ गुर प्रनाली पैरन भई, महिमा गुरु अपार।
पढ सुनि भव सिंधहि तरै, पावै मोख दुआर ॥ 38 ॥
इति श्री गुर प्रनाली समापतं। (पृष्ठ 7)

(क) सवैये पाताशाहीयाँ दसाँ के

आरम्भ – ੴ सतिगुर प्रसादि। सवैये पातशाहीयाँ दसाँ के।
सवैया छन्द ॥ जपै नवखंड प्रिथमी सपत सागर... (पृष्ठ 7)

अन्त – बरतै इंद्र न बिऊहार, स्रति आतम बीचार,
कीना आप ही पसार खेलैं सतिगुरु गोबिन्द सिंघ हैं ॥12॥ (पृष्ठ 12)

(ख) अमृतसर उपमा (बुध सिंह, शशिज मृगिंद)

आरम्भ – ੴ श्री गुरुए नमह। अमृतसर उपमा अथ बरनते।
कबितु ॥ पूरन प्रकास जा को, हाटक अवास जा मै,
फाटक रजत रास मोहै मति हर की।... (पृष्ठ 12)

अन्त – ...ससिज मृगिंद रूप सोभत अनूप छबिम तैसे सभ नीरथ मै भूप सुधारस है ॥10॥
दोहरा ॥ यह कबित को दसक जो, कहयो सुधासर भाइ।
पढे सुनै फलु पावई, जो अमृतसर नाइ ॥11॥ (पृष्ठ 16)

(ग) करणी नामा (गुरु नानक)

आरम्भ – ੧ੴ सतिगुर प्रसादि। करणी नामा काजी रुकम दीन नालि होआ मके विचि महला 1॥
सुण हो काजी रुकमदीन, सचा कहों जवाब।
पढे सुणे जो प्रीति कर, छूटे सभ अजाब।... (पृष्ट 16)

अन्त – ....भुखा नंगा अरथीआ, खाली कोइ न जाइ।
नानक आखै रुकम दीन, इहु बरतैगी रीत।
करणी नामा जो पढै बध साहिब सिउ प्रीत ॥ (पृष्ठ 19)

(घ) गुर सिख नाम

आरम्भ – ੧ੴ वाहगुरु जी की फतेह ॥ दोहरा ॥
अंतरजामी मोर प्रभ, सभ बिध जानन हार।
पंथ उबारन कारने, कल मै लयो वतार ॥ 1 ॥ (पृष्ठ 19)

अन्त – सुन करि साखी गुर की, मन मै बढै हुलास।
हरि पुर निहचै पावई, कारज होवै रास ॥ 9 ॥
इति श्री गुर सिख नाम समापतं सुभं। (पृष्ठ 2[illegible])

(ङ.) पोथी घोड़ियाँ की (शालिहोत्री)

आरम्भ – ੧ੴ सतिगुर प्रसादि। पोथी घोड़ियाँ की लिखी।
पोथी सालोतर की पछानणा घोड़िया आ ऐबु सबाबु उमर का, जाति का, रोगु का, सो दस भाति का है। (पृष्ठ 1)

अन्त – ...जे कोई उसि घोड़े को मुलि लेवै सो (स) मेतु कुबीले परलोक को सिधारै। जे इहि कौम घोड़े के गल तलै होइ ताँ साहिबु... (पृष्ठ 5)

इससे आगे लिखत बन्द होने के कारण पुस्तक अधूरी है।

71. राम गीत

लेखक – कवि मेहर सिंह

आकार – 13½" x 10"

लिखित – 9" x 7½"

विवरण – पृष्ठ 505; प्रति पृष्ठ 17 पंक्तियाँ; काग़ज़ कश्मीरी; लिखत साफ़ और शुद्ध; हाशिया रंगीन लकीरों वाला; पुस्तक सजिल्द; हर प्रकार मुकम्मल तथा अलग-अलग

कलमों की लिखी हुई; आरंभिक पृष्ठ रंगीन सुनहरे बेल-बूटों वाला जिससे पहले एक खाली पृष्ठ पर श्री गुरु गोबिन्द सिंह जी के घोड़े पर सवार होकर तथा दाएँ हाथ में बाज़ पकड़कर शिकार जाने की कलमी तसवीर है।

समय – संमत 1904 बि.

लिखारी – लेखक खुद

स्थान – नगर मोकल (अमृतसर के निकट)

आरम्भ – ੴ श्री वाहगुर जी की फतेह। अथ राम गीत। उसतति ॥ दोहरा ॥
परम रूप कर भय हरिन, अरुन कवल दल नैन।
श्री गुर पूरन ब्रह्म जी, सरनागत सुख दैन ॥1॥
गुरु गिरंथ जी मानीऐ, सभ निगमनि को सारु।
गुर नानक जी आदि गुर नमो सु बारंबारु ॥ 2 ॥... (पृष्ठ 1)

अन्त – रघुपत चरित्र वखानियो, जो सुण है मन लाइ।
ता कै सदा अनंद है, संसा गयो पलाइ ॥ 81 ॥
सनै सुनावै मन धरै, रघुवर कथा अनंत।
तिह जन कै सुख मिलत है, सहिजै कवला कंत ॥ 82 ॥
चो ॥ संबत बिक्रम जीत सुजाना। सोमनाथ नभ खान प्रमाना।
करक मास अहि भौम सुभागी। दिवस अमावस जे अनुरागी ॥ 83 ॥
मोकल नगर नाम पुर गाई। सरिता तीर कोस गुण पाई।
छत्र झुलै सिर सिंघ दलीपा। कहै सु बालक सार महीपा ॥ 84 ॥
रामकथा कहि प्रगट सुनाई। नाम संकिया भाखत भाई।
मुहर सिंह पूजा अनुसारी। तिस ने करी कृत रुचि धारी ॥ 85 ॥
सतिगुर साहिब कै बलिहारै। जिन बच सागर पारू उतारै।
तात तास करना असथाना। तेग सिंघ भाखै बलवाना ॥ 86 ॥
दो ॥ चूक परी सब बखस लेहू, हे गुर करना धार।
ग्रिंथ सम्पूरन होइयो, सतिगुर कै बलिहार ॥ 87 ॥
मन वाँछत फल देति है, सिमरे सदा अनंद।
हाथ जोर कवि बेनती, सदा-सदा बखसंद ॥ 88 ॥
संतन के हितकार कौ, जम नहीं सकै डराइ।
तो ते साधू संग ते मन-मन वाँछत फलु पाइ ॥ 90 ॥
सकल सूख हरि भजन ते, दुरमत तजै विकार।
जिन कै पोते पुन है, तिन की सफली कार ॥ 91 ॥
जे कर आसा राम की, मिलन तजो विकारू।
सास गिरास समार तू, है अति ऊतम कार ॥ 92 ॥
सो ॥ सुनहो पुरख सुजान, राम-राम कहु राम जी।
काल सिरै पहिचान, राम सिमर नहीं भय कछू ॥ 93 ॥

दो ॥ राम नाम माला बनी, सुनै जपै जन जोइ।
जनम-मरण पुनरपि नहीं, निसचै जानो सोइ ॥ 94 ॥
नाथ सहंसर सोम सत, एकादस सभ जान।
छन्द बन्द गुर मया ते, पूरन ग्रिंथ बखान ॥ 95 ॥
[1]राम गीत अमृत कथा, गवरी सिव संबादि।
सोम-सोम नभ धियाय है, पूरन गुर प्रसादि ॥ 96 ॥
इति श्री राम गीत उमा महेसवर संबादे मिसरत कथा नाम इकु सौ दस धियाइ ॥ 110 ॥ श्री राम जी...संमत उनी सै चार, सावण दी अठाई, वार मंगल, नगर मोकल, कथा पूरन संबत 1904 सावण 28 सम्पूरन। (पृष्ठ 505)

इस पुस्तक में रामायण की कथा संक्षिप्त करके कथन की हुई है, जैसे कि कवि इसके पहले अध्याय में ही लिखता है—

"रामाइन अब भाख हो, जैसी मति प्रकास।...50 ॥"

72. (अ) राम गीता (राम हृदा आदि समेत)

लेखक	–	साधू गुलाब सिंह
आकार	–	6½" x 4¾"
लिखित	—	4½" x 3¼"
विवरण	–	पृष्ठ 17; प्रति पृष्ठ 10 पंक्तियाँ; लिखत साफ़ तथा शुद्ध; काग़ज़ देसी; हाशिया रंगीन लकीरों वाला; लिखत कुछ अशुद्ध, जिस कारण हाशिए पर कई जगह सुधाई की हुई; कुछ शीर्षक, छन्दों के नाम तथा अंक लाल स्याही से लिखे हुए; जिल्द उखड़ी हुई तथा इसके अंत राम हृदा पृष्ठ 8, विचार माला पृष्ठ 27, जफर नामा पातशाही 10 पृष्ठ 27-38 तथा सुन्दर दास जी के सवैये पृष्ठ 1-180 दर्ज हैं।
समय	–	संमत 1903 बि.
लिखारी	–	नामालूम
आरम्भ	–	अथ राम गीता मूल भाखा लिखयते ॥ ੴ श्री महादेव उवाच। कवित्त ॥ तब हरि रामचंद जगत अनंद कंद...। (पृष्ठ 1)
अन्त	–	गुलाब सिंह निज भ्रात को राम बखानियो औधि पुर ॥ 133 ॥ इति श्री मत अध्यातम रामायणे उमा महेसुर संबादे उत्तरकांडे राम गीता नाम पंचमो ध्याय ॥ 5 ॥ (पृष्ठ 17)

1. यह दोहरा इस पुस्तक में लगभग हरेक अध्याय के अन्त में, थोड़ा-बहुत लफजी हेर-फेर डालकर दर्ज किया हुआ मिलता है, जैसे—

(1) राम गीत अमृत कथा, हरि मन द्रुहण समादु।
आद अंत अधियाइ है, पूरन गुर प्रसादि ॥ 110 ॥ (अध्याय पहला)

(2) राम गति अमृत कथा, गवरी सिव संबाद।
धियाइ सु दूसर जानीऐ, पूरन गुर प्रसादि ॥ 82 ॥ (अध्याय दूसरा)

(आ) राम हृदा (साधू गुलाब सिंह)

आरम्भ – ੧ੴ सतिगुर प्रसादि। अथ राम हृदा लिखयते ॥ सवैया।
सूरय वंस बिखै तन मानुख जाहि लयो हरि जी अबिनासी।... (पृष्ठ 1)

अन्त – ...समेत सीया राम के रिदे सु रामचंद को।
गुलाब सिंह दास के मुखे बसो अनंद को ॥ 54 ॥
इति श्री मत अध्यातम रामायणे उमा महेसुर संबादे श्री राम रिदयं नाम दुतीयो धियाउ सम्पूरणं ॥ समापति मसतं ॥ सुभंमसतं ॥ 1903 ॥ (पृष्ठ 8)

(इ) विचार माला (अनाथ पुरी)

आरम्भ – ੧ੴ सतिगुर प्रसादि। अथ श्री विचार माला अनाथ पुरी कृत भाखा लिखते ॥ दोहरा ॥ नमो नमो श्री राम जू... (पृष्ठ 1)

अन्त – गीथा भाँरथ को मतो, एकादस की युकति।
असटा वक्र वसिसट मुनि कछुक आपनी उकति ॥ 43 ॥
इति श्री विचार माला आतमवान की थित ॥ असटमो बिस्राम ॥ 8 ॥ इति श्री विचार माला सम्पूरणं ॥ 210 ॥ (पृष्ठ 27)

(उ) जफर नामह पातशाही 10

आरम्भ – ੧ੴ हुकम सति श्री वाहगुर जी की रुते ॥ जफर नामहि श्री मुख बाक पतासाही 10 ॥
कमाले कारामात काइम करीम ॥... (पृष्ठ 27)

अन्त – ...न यक मूइ उरा अजारावरद ॥ 111 ॥ (पृष्ठ 38)

(ऊ) सुन्दर दास जी के सवैये

आरम्भ – ੧ੴ सतिगुर प्रसादि ॥ श्री राम जी सति ॥ श्री गुर देव दादू प्रसादि ॥ अथ सुन्दर दास जी के सवैये ॥ लिखतम प्रिथम गुरदेव को अंग ॥
इंदव छन्द ॥ मौज करी गुरदेव दइया कर, सबद सुनाइ कहियो हरि नेरो।... (पृष्ठ 1)

अन्त – सुन्दर मोन गही सिद साधिक, कौन कहे उस दी मुख बातै ॥ 15 ॥
इति श्री असचरज को अंग सम्पूरणं। समापतह अंग समापत ॥ 34 ॥ चौंतीस॥ (पृष्ठ 179)

इससे आगे वैद्यक सम्बन्धी दो सवैये सिंगरफ का नुसखा तथा सुन्दर जी के सवैयों का ततकरा दर्ज हैं।

73. रामचंद्र चंद्रिका

लेखक – कवि केशवदास

आकार	–	7¾" x 9½"
लिखित	–	4½" x 7"
विवरण	–	पृष्ठ 323; प्रति पृष्ठ 7 पंक्तियाँ; काग़ज़ कश्मीरी; लिखत बड़ी साफ़ और शुद्ध; हाशिया चौकोर रंगीन लकीरों वाला; शीर्षक, छन्दों के नाम, अंक तथा विश्राम-चिह्न लाल स्याही से लिखे हुए।
समय	–	कत्तक, संमत् 1698 बि.
लिखारी	–	नामालूम
आरम्भ	–	लहै भकति लोक लोक, अंत मकत होइ ताहि। कहै पढै गुनै सुनै, जु रामचंद्र चंद्रिकाहि ॥ 40 ॥
अन्त	–	इति श्री मत सकल लोक लोचन चकोर चिंतामने श्री रामचंद्र चंद्रिकायां इंद्र जीत बिरचिताया सीता समागमो नाम उनतालीसमो प्रकास ॥ 39 ॥ सुभं मसतं सम्पूरणं ॥ श्री राम राम राम जी।

यह पुस्तक देवनागरी अक्षरों में कई बार छप चुकी है। (पृष्ठ 323)

74. रामचरित

लेखक	–	क्रिशन लाल
आकार	–	7½" x 5¼"
लिखित	–	5" x 3½"
विवरण	–	पृष्ठ 208; प्रति पृष्ठ 7 पंक्तियाँ; काग़ज़ कश्मीरी; लिखत निहायत साफ़ और शुद्ध; हाशिया रंगीन लकीरों वाला (अति सुन्दर); शीर्षक, छन्दों के नाम तथा अंक लाल स्याही से लिखे हुए।
समय	–	लगभग अठारवीं सदी बिक्रमी
लिखारी	–	नामालूम
आरम्भ	–	੧ਓ श्री रामाय नमः ॥ अथ राम चरित्र बरनन मारकंडे उवाच ॥ दो ॥ अवध पुरी सुरलोक सम...॥
अन्त	–	छूटि परहि जम के समै, जनम-मरण मुकताहि। क्रिशन लाल भजि बिसन को, बिसन पुरी महि जाहि ॥ 76 ॥ इति श्री महाभारते पुराणे बन परबणे राम चरित्र किसन लाल कृत भाखया समापतं श्री रामायण सम्पूरणं मसतु सुभमसतु ॥ 6 ॥ श्री राम, राम ॥

75. रामचरितमानस (फारसी अक्षर)

लेखक	–	कवि तुलसीदास
आकार	–	5½" x 8½"
लिखित	–	3¾" x 7"

विवरण – पृष्ठ 281 से 463 (182); प्रति पृष्ठ 16 पंक्तियाँ; पुस्तक दुकलामी करके लिखी हुई है; काग़ज़ देसी सादा जो पुराना होने के कारण खसता हालत में है तथा कीड़ा लगने के कारण पृष्ठों में जगह-जगह छेद पड़े हुए हैं; लिखत शिकसता जो मुश्किल से पढ़ी जाती है; हाशिया पृष्ठ 281 से 417 तक लकीरदार (रंगीन) तथा बाकी हाशिया सादा बिना लकीरों के; पुस्तक अधूरी, सजिल्द, जिसमें पाँच काँड हैं–किशकिंधाकाँड, सुन्दरकाँड, आरणयकाँड, लंकाकाँड तथा उत्तरकाँड। पहले दो काँड–बालकाँड, अयोध्याकाँड जो इस पुस्तक का आरम्भिक भाग हैं, इसमें नहीं हैं।

समय – माघ, संमत 1836 बि.

लिखारी – सीता नाथ

आरम्भ – किशकिंधाकाँड ॥ श्री राम उसतत व लछमन जी असलोक जुगल उसतत ॥
गणेसाय नमह ॥ किशकिंधाकाँड ॥
मुकत जनम महि जान, गयान कहाँ अघ हारकर।
बरणानमरथ संघाना रसाना छन्द सामति ॥...

अन्त – सत बचन रुम नाहि पर, तीरथ मात समान।
इतने पर हरि ना मिले, तुलसीदास जमान ॥
इति श्री राम-चरित्र मानसे सकल कल कलमख बिध्वंसनी...

अन्त में लिखारी की ओर से इस पुस्तक के नकल करने की उपरोक्त मिती दी गयी है तथा कुछ हिन्दी कविता के टोटके भी लिखे हैं जो इस पुस्तक से कोई सम्बन्ध नहीं रखते।

76. रामचरितमानस

लेखक – कवि तुलसीदास

आकार – 9¾" x 12½"

लिखित – 7½" x 10"

विवरण – पृष्ठ 258; प्रति पृष्ठ 23 पंक्तियाँ; काग़ज़ देसी; लिखत साफ़ और शुद्ध; शीर्षक, छन्दों के नाम तथा अंक लाल स्याही से लिखे हुए; हाशिया रंगीन चौकोर (छह छह लकीरें हरेक पृष्ठ पर); कठिन शब्दों के अर्थ हाशिए पर दिये हुए।

समय – संमत 1843 बि.

लिखारी – नामालूम

आरम्भ – ੴ सतिगुर प्रसादि ॥ श्री मते रामानुजाय नमहि ॥
बरणानामरथ संघाना रसाना छन्दसामपि...।

अन्त – श्री मदाम चरित्र मानसमिंद भकतयावगाहयंति ये ॥
ते संसार पतंग घोर किरणे दयंति नो मानवा ॥ 387 ॥
इति श्री रामचरित्र मानसे सकल कलुख बिध्वंसने उत्तरकाँड भगति प्रकास समापतं ॥ राम सीय तेरा प्रताप ॥

इससे आगे लिखारी की तरफ़ से लिखा हुआ एक खण्डित-सा छन्द है जिसमें इस लिखत का उतारा किये जाने का संमत 1843 दिया है।

77. रामचरितमानस (टिप्पणियों समेत)

लेखक – कवि तुलसीदास
टिप्पणीकार – नामालूम
आकार – 9½" x 6½"
लिखित – 6¾" x 4½"
विवरण – पृष्ठ 559; प्रति पृष्ठ 11 पंक्तियाँ; काग़ज़ देसी; लिखत साफ़ पर कहीं-कहीं अशुद्धियाँ भी हैं; मुश्किल शब्दों की हाशिए पर जगह-जगह असल इबारत के साथ-साथ बारीक कलम से टिप्पणियाँ दी हुईं; हाशिया रंगीन लकीरों वाला; शीर्षक, छन्दों के नाम अंक तथा विश्राम चिह्न लाल स्याही से लिखे हुए; पुस्तक सजिल्द, जो हर प्रकार से अच्छी हालत में है।
समय – संमत 1844 बि.
लिखारी – नामालूम
आरम्भ – ੧ੳ श्री मत रामानुजाय नमः। अथ बालकाँड।
सलोक ॥ बरणानामरथ संघाना रसाना छन्दसामपि।
मंगलाना च करतारऊ वंदे वाणी विनायकऊ ॥ 1 ॥ (पृष्ठ 1)
अन्त – ...ते संसार पतंग घोर किरणै दहयंति नो मानवा ॥2॥
इति श्री रामचरित्र मानसे सकल कलि कलुख बिध्वंसने उत्तरकाँड भगति प्रकास समापतं ॥ सुभमसत सरब गता। संबित 1844 महीना अस्सू थित सते सुकल पख। (पृष्ठ 559)

78. रामचरितमानस (सचित्र)

लेखक – कवि तुलसीदास
टिप्पणीकार – नामालूम
आकार – 6" x 7¾"
लिखित – 4¼" x 6"
विवरण – पृष्ठ 628; तसवीरें 64 काँगड़ा कलम की बनी हुईं, प्रति पृष्ठ 17 पंक्तियाँ; काग़ज़ कश्मीरी; लिखत साफ़ और शुद्ध; तसवीरों वाले बेल-बूटों से सजे हुए; हाशिया अति सुन्दर रंगीन लकीरों वाला; शीर्षक, छन्दों के नाम, अंक तथा विश्राम चिह्न लाल स्याही से लिखे हुए; पुस्तक सजिल्द, जो अच्छी हालत में है; यह पुस्तक नागरी तथा गुरुमुखी अक्षरों में कई बार छप चुकी है।
समय – संमत 1860, मिती पोह वदी 11
लिखारी – मनसा राम ब्राह्मण, सुखो वाला

आरम्भ – ੴ श्री गणेशाय नमह ॥ ओम श्री रामाय नमह ॥
श्री गुर देव नमह। अथ श्री रामान (रामायन) लिखते ॥
बरणानामरथ संघाना, रसाना छन्दसामपि।
मंगलाना च करतारौ वंदे वानी विनायकों ॥...

अन्त – श्री मद राम-चरित्र मानसमिदं भकतयावगाहंयति ये।
...ते संसार पतंग घोर किरणै दहयंति नो मानवा ॥2॥
इति श्री राम-चरित्र मानसे सकल कलि कलुख बिध्वंसने सतय सत सोपान समापतं ॥ 7 ॥ 132 ॥ इति श्री उत्तरकाँड सम्पूरणं मसतु सुभमसुत
॥ संमतु ॥ 1860 ॥ मिती पौछ की इकादसी थित। वार शुकर ॥ चित्र नामा नखत्र। शुत्र घड़ी। शुभ दिन। शुभ नखत्र। तिन घड़ी दिन जाइ के रामाइण पुसतक को भोग पाइया। लिखिया मिसर मनसा राम ब्रहमन बेद पाठी ने, वासी सुखो मै रहता। भूल चुक बखसणा...।

79. रामचरितमानस

लेखक – कवि तुलसीदास
आकार – 13" x 9¾"
लिखित – 9½" x 5½"
विवरण – पृष्ठ 519; प्रति पृष्ठ 11 पंक्तियाँ; काग़ज़ बढ़िया कश्मीरी; लिखत साफ़, शुद्ध और सुन्दर; स्याही गूढी, काली (चमकीली); हाशिया रंगीन (चौकोर लकीरों वाला), जो अति सुन्दर है; छन्दों के नाम, विश्राम-चिह्न तथा और शीर्षक लाल स्याही से लिखे हुए।
समय – मिती पोह वदी 10, संमत 1901 बि.
लिखारी – मताब सिंह, धरम सालीया
आरम्भ – ੴ सतिगुर प्रसादि। ੴ श्री गणेशाय नमः ॥ श्री मते रामानुजाय नमः ॥
अथ बालकाँड ॥ सलोकु ॥
बरणानामरथ संघाना, रसाना छन्दसामपि ॥...

अन्त – श्री मद्राम चरित मानसमिंद भकतयावगाहयंति ये।
...ते संसार पतंग घोर निरणै : दहयंति नो मानवा ॥2॥ 372 ॥
इति श्री राम-चरित्र मानसे सकल कल कलुख बिधुंसने उत्तर-काँड भकति प्रकास समापतं ॥ सुभमसतु ॥ सम्पूरणं ॥ भुल चुक सोध लैणी ॥ मिती पोह बदी 10, साल 1901 ॥

80. पोथी रामाइण तुलसीदास जीउ की

लेखक – कवि तुलसीदास
आकार – 7¼" x 10"

लिखित — 4½" x 8"

विवरण — पृष्ठ 287; प्रति पृष्ठ 23 पंक्तियाँ; काग़ज़ देसी; लिखत फ़ारसी नसतालीक साफ़ और शुद्ध; हाशिया सादा बिना लकीरों के; हरेक पृष्ठ पर कीड़ा लगने के कारण छेद पड़े हुए तथा कहीं-कहीं पृष्ठ फटे हुए भी हैं; यह पुस्तक फ़ारसी, नागरी तथा गुरुमुखी अक्षरों में बहुत बार छप चुकी है, इसलिए दुर्लभ नहीं है।

समय — सन 1239 हि :

लिखारी — प्रान सिंह

आरम्भ — ओं श्री गणेशाय नमः बालकाँड सुध श्री गणेशाय नमः
जिह सिमरत सिध होइ, गन नाइक गजवर बदन।
करहु अनुग्रह सोइ, बुध रास सुभ गुन सदन ॥

अन्त — तुम रघुनाथ नरिंदर प्रभू राखीऐ मोहि राम।
सम्पूरन समापत शुद।

इससे आगे इस पुस्तक की नकल आदि किये जाने के बारे में तीन पंक्तियाँ हैं जो काग़ज़ खराब होने के कारण अच्छी तरह पढ़ी नहीं जातीं।

81. राम रहसय[1]

लेखक — कवि रतन हरी

आकार — 6¾" x 7½"

लिखित — 3½" x 5½"

विवरण — पृष्ठ 477; प्रति पृष्ठ 12 पंक्तियाँ; काग़ज़ बढिया कश्मीरी; लिखत निहायत साफ़ और शुद्ध; हाशिया चौकोर अति सुन्दर रंगीन लकीरों वाला; छन्दों के नाम, अंक तथा शीर्षक लाल स्याही से लिखे हुए; पुस्तक हर तरह आदि से अन्त तक मुकम्मल तथा अच्छी हालत में है।

समय — संमत 1902 बि.

लिखारी — नामालूम

आरम्भ — ੴ सतिगुर प्रसादि। श्री मते रामाय नमः। श्री गुर चरण कमले भयो नमः ॥ दोहरा ॥
श्री गुर बेदी बंस बर, बदों हिय धर धयान।
जास कृपा लवलेस ते, लहों सकल स्रुति गयान ॥ 1 ॥ (पृष्ठ 1)

अन्त — ...श्री मत राम रहसय कंस मुदित समयक सता प्रीतये ॥ 34 ॥
इति श्री मद्राम रहसये रतन हरि बिर चिते श्री सकंध पुराणाखयान श्री सतयोपाखयान भाखा वखयान प्रबंधे एकोनासीतितमो धयाय; उत्तरारध समापतं ॥ 1 ॥ (पृष्ठ 476)

---

1. यह पुस्तक देवनागरी अक्षरों में एक बार लाहोरों राइ साहिब मुंशी गुलाब सिंह के छापेखाने से छप चुकी है।

इससे आगे लिखारी की तरफ़ से यह दोहे हैं–
संमत दृग नभ, नाथ ससि, मघर बदि तिथि भान।
लवपुर दृगु ढिग हेम को, राजत सिव असथान ॥ 1 ॥
तहाँ लिखयो अति प्रेम सो, राम रहसय सुधार।
लिखवायो अति भाऊ धरि, श्री राम हरी सुख सार ॥ 2 ॥
पढै सुणै जो याहि को, भव बंधन तरि जाहि।
राम नाम महिमा अधिक, सभ घट रहयो समाइ ॥ 3 ॥
हरि सिमरन पै जाहि हित, ताहि समान न और।
सदा रहै गुर चरन मै, दिढ दवारप जिम पौर ॥ 4 ॥

82. (अ) रामाइण (नासकेत की कथा आदि समेत)

लेखक – कवि चंद

आकार – 6½" x 4½"

लिखित – 4" x 3½"

विवरण – पृष्ठ रामायण (कृत कवि चंद) 36, श्री नासकेत की कथा (कृत कवी गंगा राम) 44, चाणका शासन (कवी सैनापति) 18, इष्ट पचीसी 18-20 (3), हीर राँझे का बृतंत (मुकबल) 87, पीछा गरग मुनि का 11, कुल पृष्ठ 194; प्रति पृष्ठ 11 पंक्तियाँ; काग़ज़ देसी; लिखत साफ़ पर कहीं-कहीं अशुद्ध; आरम्भिक पृष्ठ सिरे से फटा हुआ; जिस कारण लिखत पढ़ी नहीं जाती; हाशिया सादा लकीरों वाला; कई जगह सीलन चढ़ने के कारण पानी के दाग नजर आते हैं; पुस्तक वैसे आदि से अन्त तक पूर्ण तथा अच्छी हालत में है।

समय – संमत 1882 बि.

लिखारी – नामालूम

स्थान – नीले की धरमसाला (?)

आरम्भ – ੴ सतिगुर प्रसादि। ओं सुअसति...नमः। अथ रामाइण चंद्र[1] कृत लिखियते।
गुर गणेस सारदा, सिमरे होत अनंद।
कछू हकीकति राम की, अरज करति है चद ॥ 1 ॥
आदि जुगादि जु आदि है, जाहि जपे सभ कोइ।
राम चरित्र अदभूद कथा, सुणिया पुन फल होइ ॥2॥ (पृष्ठ 1)

अन्त – जाचबे के काज हाथ उडता सकल दिस,
चंदन जो चाहि ता कृता गुपाल राव की ॥91॥ रामाइन चंद कृत सम्पूरनं ॥ (पृष्ठ 39)

---

1. कवि चंद का असली नाम किशन चंद था। इस कवि की दो रचनाएँ खोज करने पर और मिली हैं। वह हैं महाभारत के अनुवाद : (1) सभा परब तथा (2) उद्यम पर्व।

(आ) श्री नासकेत की कथा (कवि गंगा राम)

आरम्भ – ओं सुअसति श्री गणेसाइ...नमः। ੴ सतिगुर प्रसादि। अथ श्री नासकेत की कथा लिखियते।
दोहरा ॥ नमो-नमो गणपति सदा, विघन विनासन सोइ।
गौरी नंदन बन्दना, सुभ मति दीजो मोहि ॥1॥
सोरठा ॥ श्री पति सिव ब्रहमा सकति, बन्दो सकले देव।
तुदि प्रसादि कवि राम जी, पूरन कीहै सेव ॥2॥
नासकेत की कथा को, अरथ करो प्रगटाइ।
जनम-जनम के पाप सभ, सुनति ही जाति पलाइ ॥3॥... (पृष्ठ 1)

अन्त – नासकेत की कथा सुनाई! आस्तम चले सभ रिख राई।
पिता प्रताप मुकति पद पाइओ। नासकेत को अमर कराइओ।
ऐही कथा कोई पढै सुनावै। मन वाँछत फल निसचै पावै।
सुनत पाप मल रहिति न कोई। सुरग मुकति पर राजति सोई।
परम प्रबीन सदा सुख राजे। सुख सम्पति महि सदा विराजे।
गंगा राम विप्र कहि दास। तिन वर भाखा करी प्रकास।
धियाउ अठारवा कथा बखानी। सुनते सुखी रहे सभ प्रानी ॥
दोहरा ॥ सुने पढे जो इह कथा, सभ सुख उपजे देहि।
पाए सुख अरु लछमी, बाढे हरि सो नेह ॥
इति श्री नासकेत कथा असटदसमो दियाइ ॥18॥ (पृष्ठ 44)

इससे आगे 18 पृष्ठों पर चाणका शासत्र कृत कवि सैनापति दर्ज है जिसकी प्रतियाँ आम मिलती हैं।

(इ) इशट पचीसी (कृत गुसाईं गिरिधर चंद)

आरम्भ – श्री राम क्रिसनाइ नमः।
श्री गुर के प्रसाद ते, कियो जो भलो विचार।
अनहद बानी ते भयो, राम क्रिशन रस सार ॥1॥
सुपति राइ को पुत्र इक, नाम भगति तिहि प्रेम।
राजावत की सुता सुनि, नाम बुध चरि नेम ॥2॥
राम उपासि तुरख हें, क्रिसन उपासी नारि।
विआहि समें बानू बनौ, इगरत बारहि बार ॥3॥
राम क्रिसन के भगत हें, बोलत तृण मिस पाइ।
आपो अपने इसट की, उसतति करै सभाइ ॥4॥
पुरखोवाच : जनमत ही श्री राम जी, सभ जग दीस अनंद।
जनमति के आगे कियो, मात पिता हरि बंध ॥5॥

इस्त्री उवाच : क्रिसन कलेस हरे सकल, मात पिता के जान।
राज बिठाइ दसरथ गिड़ियो, धरि न सके निज प्राण ॥6॥ (पृष्ठ 18)

अन्त – इस्त्री उवाच ॥ लंका दीनी मुख कहिउ, तेरे रघुबर राम।
भगति सुदामे पद दीयो, मुख ते कहिउ उन साम ॥19॥
पुरखोवाच ॥ बिभीछण मिलियो, न कछु लीयो, लंका दीनी राम।
ले तंदुल हरि सखा के, कंचन कीने धाम ॥20॥
रणे रमा दल थंभ को, रावण मारियो फोड़।
जरासंध भइ भाग हरि, नाम धरिओ रण छोड़ ॥21॥
पीया तीया हेरत मुसट करि, हए बीत तिन जाम।
राम किसन छबि छक रहे, उपजियो रिदे न काम ॥22॥
तिह अवसर विचरत तसकरा, भीतर पहुँचिउ आइ।
दोनो बवरे जान के, भूखन चलिउ चुराइ ॥॥23॥
करुणा करि प्रभु भगति हित, ततखिन प्रगटिउ आइ।
वहु कहि मेरे क्रिसन हइ, वहि कहि रघुवर राइ ॥24॥
बार-बार हरि कहति हे, राम क्रिसन जपि नारि।
राम कहा श्री क्रिसन हइ, क्रियन क्रिसन भरतार ॥25॥
तब प्रभु हस मुख ते कहिउ, दुतीया देह मिटाइ।
एको ही अब देखीए, जल-थल रहिउ समाइ ॥29॥
इंद्र वरख पुहपन करी, प्रभु धरि लीए विवान।
ले वईकुंठ सिधारिये, परम भगत रिद जान ॥27॥
इसट पचीसी नाम यहि, पढे सुने जन कोइ।
उपजे भगति गोविंद की, अति सुख पावे सोइ ॥28॥
श्री धरम चंद हरि नाम के, सुन कहिते भये आनंद।
करे सहाइ श्री राम जी, जब ब्रिंदाबन चंद ॥29॥
दस अवतार सति लो कहति, संवत पंचासहि एक।
माघ मास रवि बार मै, इसट पचीसी देख ॥30॥
इति श्री गुसाई गिरिधर चंद कृत भाखा सम्पूरनं। (पृष्ठ 19-20)

(ई) हीर राँझे का बिरतंत (मुकबल)

आरम्भ – ੧ੳ सतिगुर प्रसादि। हीर राँझे का ब्रितंत ॥ झूलने ॥
मऊन जट दा लाडला नाउ धीदो, विच तखत हजारे दे वसदा सी।... (पृष्ठ 1)

अन्त – मुकबल नाउं खुदाइ दा कीमीया है, होर सुंझड़ा जिकर खियाल है जी ॥357॥
सम्पूरन होइ संमत 1882 मिती हाड़े दिने 1, नीले धरमसाला विच सम्पूरन होई (पृष्ठ 87)

(उ) पीछा गरग मुनि का

आरम्भ – ੴ सतिगुर प्रसादि । अथ पीछा गरग मुनि का लिखिया। अते नमो भगवते कूख माडनी सरब कारज प्रसिदनी सरबान मन्त्र प्रकासनी।...

अन्त – निमसकार करने जोग गरग नामा मुनि है तिस ने इहु प्रीछा बनाई है। इस विखे बड़े उत्तम बचन है, किसी बुधिवान को अर कुलीन को पड़ावना। इति श्री जैनेंदर गरग रिख रचना केरली प्रीछा समापतं सम्पूरणं, नाराइणं परम सत, समत अठारा सै बियासी मिती हाड़ो दिने छिवे। (पृष्ठ 11)

83. रामाइण पाप खंडिनी

लेखक – कवि चंद्र हरि

आकार – 8½" x 7"

लिखित – 6¼" x 5"

विवरण – पृष्ठ 110; प्रति पृष्ठ 12 पंक्तियाँ; काग़ज़ देसी; लिखत साफ़ और शुद्ध; हाशिया सादा बिना लकीरों के; स्याही फीकी काली; पुस्तक सजिल्द, जो आदि से अन्त तक हर प्रकार पूर्ण तथा अच्छी हालत में है।

समय – सोमत 1931 बि.

लिखारी – नामालूम

आरम्भ – ੴ सतिगुर प्रसादि। श्री गुरवे नमः। श्री रामाय नमः। अथ रामायन पाप खंडिनि प्रारंभते। श्री सतिगुर रतन हरि कृत पद पदम दास चंद हरी[1] कृत। मंगलाचरन ॥ दोहा ॥

बिघन बिलावन बिबिध बिधिम, मंगल करता नाम।
गनपति चरन मनाइये, करत सिधि मन काम ॥1॥

कबित ॥ सूखन को दूर कर सूखन को पूरे भर, दुसट जन चूर कर धूरन मितावनी।
बुधि सब रास ते कुबुधिन को नास कर, रघुबर दासन को चित हुलसावनी।
गियान गुन खानि अगयान पुन हान कर, तेरी रजधानी सदा निरमल पावनी।
तेरो नाम बानी करो निरमल बानी माइ, जै जै महारानी चंद हरी मन भावनी ॥2॥ (पृष्ठ 1)

अन्त – चंद हरी श्री राम नाम को उलट-पुलटकर गाए, सो फल पाए ॥480॥

इति श्री रामाइन पतप खंडिनि कलिमल दंडनि चंद हरि कृत समापतः। 1931 पूरन। (पृष्ठ 109)

दोहरा ॥ सीता पति कृपा करी, सतिगुर दीन मिलाइ।

---

1. कवी चंद हरि (चंद सिंह), जैसे कि उसकी हस्तलिखित से पता चलता है, प्रसिद्ध कवी पंडित रतन हरी (रतन स्हिं) उदासी का शागिर्द था तथा कवी रतन हरी साधू अमीर दास (अमीर सिंह) अमृतसरी का सगा भाई था। कवि रतन हरी तथा अमीर दास, दोनों उत्तम कवी थे। (देखो, हस्तलिखितों की सूची, भाग पहिला (1961), पृष्ठ 361-65, 585 तथा 684

श्री सतिगुर के दरस ते, जनम मरन कट जाइ ॥1॥
कासी मै बासी करै, अन कंचन नित दान।
कोटि जनम जग तप करै, गुर पग रज न समान ॥2॥
कोटि कसट तन महि करै, तर न बिन हरि नाम।
गुर की कृपा के बिना, मिले न हरि को नाम ॥3॥
सासत्र बेद पुरान पड़, अठ सठ तीरथ नहाइ।
खट करमन नित प्रति करै, हरि बिन थाइ न पाइ ॥4॥
उनी सै इकतीस महि, पोख सुदी सित पाख।
सकल दिसा गुर वार को, भयी पूरन अभिलाख ॥5॥ (पृष्ठ 110)

84. रामाइन पुराण (फ़ारसी अक्षर)

लेखक – कवि चंद हरि

आकार – 6" x 10"

लिखित – 3¾" x 7½"

विवरण – पृष्ठ 3-132 (130); राजावली (फ़ारसी) अतिरिक्त पृष्ठ 14; प्रति पृष्ठ 19 पंक्तियाँ; काग़ज़ देसी; लिखत नसतालीक जो साफ़ और शुद्ध है; हाशिया सादा बिना लकीरों के; आरम्भिक दो पृष्ठ गुम होने के कारण पुस्तक अधूरी, पर फिर भी अच्छी हालत में है। यह पुस्तक वालमीकी रामायण का संक्षिप्त अनुवाद है।

समय – संमत 1781 बि., नकल–संमत 1795 बि.

लिखारी – कन्हैया लाल पुत्र राइ साहिब चूड़ मल खतरी साकिन सुनाम

स्थान – किला नरवाना (पटियाला)

आरम्भ – क्रोध लोभ तृशना कछु नाहीं। सदा रहे रति हरि सिउं माहीं।
जा पर कृपा करें गुर देवा। नाम सुनाइ लखावे भेवा।
ऐसे दिज पुनीत जह माहीं। या जब मै हम देखे नाहीं।
जो क्रिपा कर जाहिं गुरु, काहूं के गृह आप।
तिन के दरस प्रताप ते, कटें जनम के पाप ॥
अब मैं अपनी बात बताऊं। सो सभ कहि प्रतछ सुनाऊं।
साहिब राइ नाम मम जानों। तात नराइन दास बखानो।...
तिन के बंस जनम धर आए। काइथ सकसेने जु कहाए।
अवद देस कहीए बहूं गावाँ। साहिब नहीं देखे वुह थावाँ।
सदा रहे दखन ग्रिह बासी। भई सभा मैं बुध प्रकासी।... (पृष्ठ 1)

अन्त – संबत सत्रह सै इकयासी। फागन और तिथि पूरन मासी।
होरी को दिन थो सुभ कारी। पूरन भई कथा उजियारी।
प्रभु ने मेरी नेक बहाई। जिह संन हुते मुहंमद शाही।
हिजरी गियारह सै तैतीसा। मो पर क्रिपा करी जगदीसा।

इंदर पत दिहली सुखदाई। तहां साहिब इस कथा बनाई।
जो यह पोथी पढे पढावे। भूल चूक कहूं दृष्टि मै आवे।
क्रिपा कर बनाइ तहाँ दीजै। कबिता की हासी मत कीजै।...
मैं इह बडो पदारथ पायो। जो मै साँचे हरिगुन गायो।
साहिब जन आयो सरन, तेरी हुन महाराज।
अब तुम को मो दीन की, बने निभाई लाज ॥
बलिहारी गुर देव के, जिन एह दई बताइ।
राम नाम के चरन तैं, जन साहिब मिल पाइ ॥

पोथी रामाइन पुरान तसनीफ साहिब राइ काइथ बदसतखत बन्दा अजज़ अबाद कनैया लाल खलफ राइ साहिब फैजरसां चूड़ मल खतरी जीउ साकिन सुनाम, बरोज मिती माघ दोइ चौथ, रोज़ पंच शंबा, दर मुकाम किला नरवाना मुलक बाँगर कि तहिसीलदारे तालका बूद दर संमत 1895 तहरीर याफत फलत (1) (पृष्ठ 134)

85. रामास्वमेध

लेखक – रिखी बियास
अनुवादक – ज्ञानी सन्त सिंह, अमृतसरी
आकार – 11" x 6½"
लिखित – 8½" x 4¼"
विवरण – पृष्ठ 189; प्रति पृष्ठ 14-15 पंक्तियाँ; काग़ज़ देसी; लिखत सीधी-सादी, जो कहीं-कहीं अशुद्ध भी है; हाशिया सादा बिना लकीरों के; हाशिए पर कई जगह अलग कलम से कुछ नोट दिये हुए; पुस्तक कुछ खसता हालत में है।
समय – रचनाकाल संमत 1877 बि. तथा लिपीकाल संमत 1878 बि.
लिखारी – बिशन सिंह, गियानी
स्थान – श्री अमृतसर (पंजाब)
आरम्भ – ੴ सतिगुर प्रसादि। श्री रामाय नमः। श्री हनुमते नमः। अथ रामासुमेध भाखा लिखयते ॥ दो ॥
पृथम विनायक विधन हर, वर दाता पद बन्द।
पुन सुभ दान सरसुतिहि, प्रनमो आनंद कंद ॥ 1 ॥ (पृष्ठ 1)
अन्त – गोबध, मदयप, बाल हन, गुर तलपी नर जोइ।
स्रवन मात्र इह कथा के, सो पुनीत नर होइ ॥38॥
श्री मत सूरत सिंह जी, गयानी संगया जाहि।
संत सिंह तिन को सुवन, श्री अमृतसर माहि ॥39॥
तिन निज जनम सुधार हित, कीनो यहै बिचार।
राम सुजस गायन स्रवन, कलजुग में इहि सार ॥ 40 ॥
पूछ पँडितन ते सबिधु, भाखा कीनो ग्रन्थ।

श्री रघुनायक कृपा कर, मुहि दिखाहि निज पंथ ॥ 41 ॥
द्वीप द्वीप गज ससि बरख, मिथन सुकल तिथ दूज।
पूरन दीनो ग्रन्थ इहि, राम पदम पद पूज ॥ 42 ॥
सिय रघुबर लछमन भरत, रिपु सूदन हनुमान।
सभ ही होय कृपाल मुहि, देहु भगति वरदान ॥ 43 ॥
प्रीति होय सत संग महि, अंत मिलै हरि धाम।
मन बच करम कर हित सहित, सद सिमरो श्री राम ॥ 44 ॥

इति श्री पदम पुराणु पाताल खंडे सेस वातसायन संबादे रामासुमेध भाखा बिरचिताया समापतह नाम असट खसटमो धयाय ॥86॥ सुभं श्री रामाय नमः।

सावण संमत लोक प्रदीप है, नाग चंद ए जान।
विसन सिंह गयानी लिखी, करक सुदी तै जान ॥
श्री भागवतय नमः। श्री गोविंदाय नमः। श्री विसनाय नमः। श्री क्रिशनाय नमः।
श्री राधे नमः। (पृष्ठ 183)

86. लघु रामाइण (राम चरित्र)

लेखक – कवि राम सिंह

आकार – 6¾" x 4¾"

लिखित – 4¾" x 3¼"

विवरण – पृष्ठ 84; प्रति पृष्ठ 9 पंक्तियाँ; काग़ज़ देसी; लिखत साफ़ और शुद्ध; हाशिया सादा बिना लकीरों के; कई जगह शीर्षक तथा छन्दों के नाम लाल स्याही से लिखे हुए; कहीं-कहीं हाशिए पर कोई सुधाई भी की हुई है।

समय – संमत 1924 बि.

लिखारी – नामालूम

आरम्भ – ੧ੴ सतिगुर प्रसादि। दोहरा ॥
अखिल भवन पित सकल हित, सकल जन सब साथ।
पल चर अरन अवरन जन, सरब भरन रघुनाथ ॥ 1 ॥
समन तात कुल धरन बपु, बेद भाँव करि बेद।
समन समन कर जगत सब, आइस पाइ अखेद ॥ 2 ॥
तास नाम जप जनम हरि, हर जनि जन सुख देति।
रमन सून सिखया दई, मुनिवर भव ते सेति ॥ 3 ॥
सार तास आखत हमे, पठत सुनत गति पाइ।
अलप बुध पा कथं, तहि सुन सुभन रसाइ ॥ 4 ॥... (पृष्ठ 1)

अन्त – संमत उनी सौ चौवी, यहि प्रसंग सुन सेद।
मास अखाड़ बखान सुन, सकल पख तुम बेद ॥ 22॥
बिआस पूज पुनिआ भली, ता दिन होत अनंद।

दिन सु सगल मंगल कीया, जोड़ प्रान पद बन्द ॥ 23 ॥
छेत्र परम पुनीत अति, कुरखेत्र तिह नाम।
जल थल नभ मै हान तन, मुकती बेद बखान ॥ 24 ॥
तीरथ परम पचारीया, गंगा सान सनान।
तिह तट कीन बखान मै, सुनो पुरस मतिमान ॥ 25 ॥
गुर नानक गोबिन्द हरि, गुर पूरन निज चेत।
चरन कमल गन के नमो, जनम आदि दल देत ॥ 26 ॥
मास रवी वरनन करे, राम सिंह मम नाम।
सिंघ क्रिपा मम गुरु सी, तिह पद करत नमाम ॥ 29 ॥
सोरठा ॥ श्री ठाकर हरि दयाल, सिमरौ ता के पाद जुग।
तास सिख क्रिपाल सिंघ बखाने गुरु मम ॥ 30 ॥
असट सोरठे जान, कीन दोहरे बीस दो।
तीस छन्द रिद मान, राम सिंघ रिचित भयो ॥ 31 ॥

इति श्री लघु रामाइणे रामचरित नाम दुवादस मास पूरनं ॥ 12 ॥ समापतं सुभं। राम, राम, राम। (पृष्ठ 83-84)

87. (अ) लव-कुश की कथा (भरत्री हरी शतक समेत)

लेखक – कवि साहिब दास

आकार – कवि 7½" x 6½"

लिखित – 5½" x ¾"

विवरण – पृष्ठ लव-कुश कथा 103, भरत्री हरी शतक भाखा 104-42 (39), कुल जोड़ 142; प्रति पृष्ठ 12 पंक्तियाँ; काग़ज़ देसी, जो कुछ दीमक खुरदा भी है; हाशिया रंगीन लकीरों वाला; छन्दों के नाम तथा शीर्षक लाल स्याही से लिखे हुए; जिल्द टूटी हुई; पर फिर भी पुस्तक हर प्रकार मुकम्मल तथा अच्छी हालत में है।

समय – संमत दर्ज नहीं है।

लिखारी – नामालूम

आरम्भ – ੧ੴ सतिगुर प्रसादि ॥ अध लव कुस प्राक्रम लिखयते कृत कवी साहिब दास ॥ छपै ॥
पृथमे बन्दो पार ब्रहम पतित पावन सुख सागर।... (पृष्ठ 1)

अन्त – लव कुस कथा प्रसंग, भयो पूरन जस बिधिवित।
जथा बुध अनुसरी, कीयो बरनन मन हरखत ॥
जिम टहकन कवि कही, धरी स्रवनन सुभ बानी।
कछु वाको उलटाइ करी, कवि उकत कहानी।
सुनी चोपई दोहरा बहुरे छन्दन मै करी ॥
छपा कीजीयो बुध जनो, जहा चूक हम ते परी ॥ 66 ॥

इति श्री कथा लव कुस प्रसंगे नाम खसटमो अंक सम्पूरणं समापतं। भुल चुक बखसनी, अखर सुधकर पढना सदा गुर का ॥ दोहरा ॥

उसताद घनैया लाल है, दुगल तिन की जात।
रंक मुसदी लिखिया, बखसन हार जग तात ॥

यह पुस्तक, जैसे कि उपरोक्त छन्द 66 की तीसरी तुक से पता चलता है कि कवि टहिकन की किसी लिखत के आधार पर तैयार की गयी है।

(आ) भरत्री हरी शतक (लेखक–नामालूम)

आरम्भ – १ੴ सति सरुप श्री महिमा साहि महा कालि जी सहाइ। स्वसति श्री गणेसाइ नमह। अथ भरथरी सत भाखा लिखयते। अथि नीत मंजरी ॥ छपै ॥
जा की मेरै चाहि, वहै मो सिउ बिरकति मन।... (पृष्ठ 1)

अन्त – कही भरथरी सत कथा, भाखा भली प्रताप।
नीत महारस गोख मैं, बीत राग प्रभु आप ॥ 101 ॥
श्री राधा गोविंद के, चरनि सरनि बिसराम।
चंद्र पहिलि चिति चुहिलि मैं, जै पुर नगर मुकाम ॥ 102 ॥
संमत असटादस सतक, बामंना सुभ बरख।
भादों क्रिसना पंचमी, रचियो गरंथ कर हरख ॥ 103 ॥
इति श्री भरथरी सत भाखा बईराग (वैराग) मंजरी सरब गुणा मयी समापतं ॥ 3 ॥ (पृष्ठ 142)

इस पुस्तक का रचनाकाल संमत 1800 बि. है तथा इसके इती तीन सतक हैं–(1) नीति शतक (नीती मंजरी), (2) शिंगार शतक (शिंगार मंजरी) तथा (3) वैराग शतक (वैराग मंजरी), जो इसमें क्रमवार आये हैं।

❑❑

डॉ. हरमहेन्द्र सिंह बेदी : एक परिचय

नाम : हरमहेन्द्र सिंह बेदी
पिता : सरदार प्रीतम सिंह बेदी
पत्नी : डा. गुरनाम कौर बेदी, पीएच.डी.
जन्मतिथि : 12.3.1950
जन्मस्थान : मुकेरियां होशियारपुर
शैक्षणिक योग्यता : बी.ए. आनर्स (अर्थशास्त्र), एम.ए. (हिन्दी), डी.लिट्. (हिन्दी)

शोधालेख : 200 से ऊपर भारत की विभिन्न पत्रिकाओं में प्रकाशित

* विश्वविद्यालय अनुदान आयोग द्वारा प्रदत्त सम्पन्न शोध परियोजनाएँ

परियोजनाएँ (Minor Research Project)

1. गुरुमुखी लिपि में उपलब्ध पंजाब का हिन्दी भक्ति साहित्य (1998)
2. गुरु गोबिन्द सिंह का विद्या दरबार (1997-1998)
3. पंजाब की हिन्दी साहित्य को देन (2000-2003)

पुस्तकें :

(क) आलोचना ग्रन्थ

1. प्रथम स्वच्छन्दतावादी उपन्यासकार बाबू ब्रजनंदन सहाय
2. हिन्दी साहित्येतिहासलेखन के पाश्चात्य स्रोत
3. गुरु गोबिन्द सिंह और पंजाब का हिन्दी भक्ति साहित्य
4. गुरु गोबिन्द सिंह और पंजाब का वीर साहित्य
5. गाँधी : दर्शन और विचार
6. हिन्दी साहित्येतिहास-दर्शन की भूमिका
7. पंजाब के हिन्दी साहित्य का इतिहास
8. बाबू बालमुकन्द गुप्त : जीवन और साहित्य

(ख) सृजनात्मक कृतियाँ

1. गर्म लोहा (कविता संग्रह)
2. पहचान की यात्रा (कविता संग्रह)
3. किसी और दिन (कविता संग्रह)
4. फिर से फिर (कविता संग्रह)

(ग) सम्पादन

1. कवित्त सवैये भाई गुरदास
2. सौन्दर्योपासक
3. रीति साहित्य विविध सन्दर्भ
4. पण्डित श्रद्धाराम फिल्लौरी ग्रन्थावली (तीन भाग)
5. कालजयी कबीर
6. विजय विनोद कृत कवि ग्वाल
7. सिंह सागर गुरु बिलास कृत कवि वीर सिंह बल
8. गरब गंजनी टीका कृत भाई सन्तोख सिंह
9. स्वामी विवेकानन्द और भारत (2002)
10. स्वामी विवेकानन्द : दर्शन और विचार (2003)
11. गिरधर कविराय ग्रन्थावली
12. फतेहनामा : गुरु खालसा जी का
13. पंजाब का मध्यकालीन हिन्दी साहित्य (2004)
14. पंजाब का समकालीन हिन्दी साहित्य (2004)
15. हिन्दी लेखक कोश (2002)
16. पर्यावरण और वांग्मय
17. अनुराग गौतम : अभिनन्दन ग्रन्थ
18. प्रवासी साहित्यकार सुरेशचन्द्र शुक्ल 'शरद आलोक' : अभिनन्दन ग्रन्थ (नॉर्वे)
19. प्रवासी महाकवि प्रो. हरिशंकर आदेश : अमृत महोत्सव अभिनन्दन ग्रन्थ (कनाडा)

(घ) अनूदित पुस्तकें

1. टैगोर की जीवनी
2. अरविन्द आश्रम की माँ
3. हेमकुण्ड की यात्रा
4. वे दिन (उपन्यास)
5. कबहुं न छाड़े खेतु (2001)

(ङ.) पाठ्यपुस्तकें

1. निबन्ध निकष
2. प्रथम भाषा हिन्दी (आठवीं कक्षा की पाठ्यपुस्तक) पंजाब स्कूल शिक्षा बोर्ड द्वारा प्रकाशित
3. गद्य-त्रिविधा (गुरु नानक देव यूनिवर्सिटी अमृतसर एवं पंजाबी यूनिवर्सिटी, पटियाला में बी.ए. भाग-एक के लिए निर्धारित)
4. काव्य गरिमा (गुरु नानक देव यूनिवर्सिटी, अमृतसर में बी.ए.भाग-दो के लिए निर्धारित)
5. कथायन (1998)
6. विधा विविधा (1999)
7. काव्यायन (1999)

8. एकांकी संचयन (1997)
9. संवेदना की साखी (गुरु नानक देव यूनिवर्सिटी, अमृतसर में एम.ए. भाग-एक के लिए निर्धारित)
10. आस्था के स्वर (गुरु नानक देव यूनिवर्सिटी, अमृतसर में एम.ए. भाग-दो के लिए निर्धारित)
11. गुरु वाणी प्रकाश (बी.ए. भाग-दो के लिए पंजाबी यूनिवर्सिटी, पटियाला में निर्धारित)
12. पंचनन्द (एम. ए. समस्तर एक, गुरु नानक देव यूनिवर्सिटी, अमृतसर)
13. सप्तसिन्धु (एम.ए. समस्तर एक, गुर नानक देव यूनिवर्सिटी, अमृतसर)

(च) पंजाबी भाषा के ग्रन्थ

1. साहित्य सन्दर्भ
2. गुरु नानक और भारती संस्कृति
3. नामधारी लहर (2004)

(छ)

1. गुरु नानक देव यूनिवर्सिटी, अमृतसर की शोभा-पत्रिका
2. 'प्राधिकृत' के सम्पादक के रूप में पंजाबी का हिन्दी साहित्य विशेषांक (दो) का सम्पादन।
3. पीएच.डी शोध निर्देशन : 50 शोध प्रबन्धों का निदेशन
4. एम. फिल. शोध निर्देशन : 100 शोध प्रबन्धों का निदेशन

(ज) विश्वविद्यालय अनुदान आयोग की संगोष्ठियों में प्रस्तुत शोधालेख, पुरस्कार व सम्मान :

1. शिरोमणि हिन्दी साहित्यकार पंजाब सरकार, 2004
2. भारत के राष्ट्रपति द्वारा हिन्दी सेवी पुरस्कार से सम्मानित।
3. 'गर्म लोहा' काव्य संग्रह पर राष्ट्रीय पुरस्कार।
4. उ.प्र. हिन्दी साहित्य परिषद द्वारा 'कवि रत्न' की उपाधि।
5. प्रो. एवं अध्यक्ष, हिन्दी विभाग, गुरु नानक देव यूनिवर्सिटी, अमृतसर (1994-97)
6. चेयरमैन प्रैस एवं प्रकाशन विभाग, गुरु नानक देव यूनिवर्सिटी, अमृतसर (1997-98)
7. भारत सरकार के श्रम मन्त्रालय में हिन्दी सलाहकार।
8. हिन्दी साहित्य सम्मेलन प्रयाग इलाहाबाद द्वारा साहित्य महोपाध्याय की मानद उपाधि द्वारा सम्मानित (2003)
9. पंजाब हिन्दी साहित्य अकादेमी पुरस्कार (2003)
10. स्वामी विवेकानन्द अध्ययन केन्द्र के संयोजक (2001-2003)
11. प्रो. एवं, अध्यक्ष, सतगुरु राम सिंह अध्ययन पीठ गुरु नानक देव यूनिवर्सिटी, अमृतसर (अतिरिक्त कार्यभार) 2003-2004
12. साहित्य अभियान, नयी दिल्ली (छमाही पत्रिका) के प्रधान सम्पादक।
13. हिन्दी सलाहकार मन्त्रालय भारत सरकार।
14. सदस्य सैनेट, गुरु नानक देव यूनिवर्सिटी, अमृतसर।
15. डीन भाषा संकाय, गुरु नानक देव यूनिवर्सिटी, अमृतसर।
16. प्रो. एवं अध्यक्ष कबीर विद्यापीठ गुरु नानक देव यूनिवर्सिटी, अमृतसर।

17. सदस्य, सैनेट एवं सिंडिकेट, गुरु नानक देव यूनिवर्सिटी, अमृतसर (2007-2008)
18. अ.भा. साहित्य कला मंच, मुरादाबाद द्वारा साहित्य श्री सम्मान।
19. विवेक गोयल पुरस्कार समिति, बरेली द्वारा साहित्य सम्मान।
20. कबीर शान्ति मिशन, उ.प्र., मुरादाबाद द्वारा कबीर ज्योति सम्मान।
21. प्रवासी महाकवि प्रो. हरिशंकर आदेश साहित्य सिन्धु सम्मान।
22. पंजाब स्कूल शिक्षा बोर्ड सम्मान, 2014
23. सदस्य भाषा कमीशन भारत सरकार एच.आर.डी. मन्त्रालय, नयी दिल्ली, 2015
24. उपाध्यक्ष नागरी लिपि परिषद्, नयी दिल्ली।

सम्प्रति : पूर्व प्रोफेसर एवं अध्यक्ष, हिन्दी विभाग, गुरु नानक देव यूनिवर्सिटी, अमृतसर (पंजाब)

स्थायी पता : 125 कबीर पार्क, पोस्ट ऑफिस-खालसा कॉलेज, अमृतसर-143002